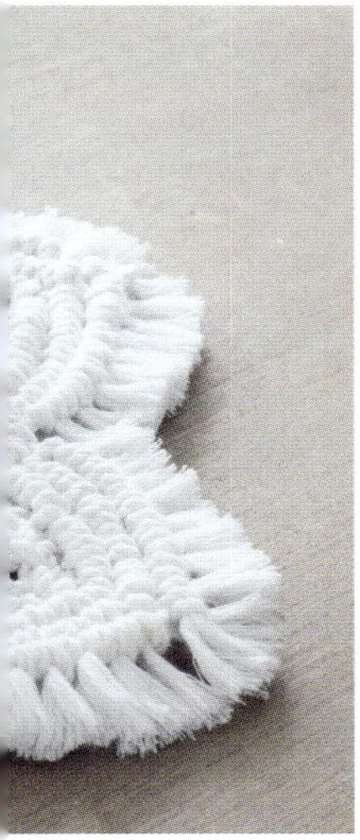
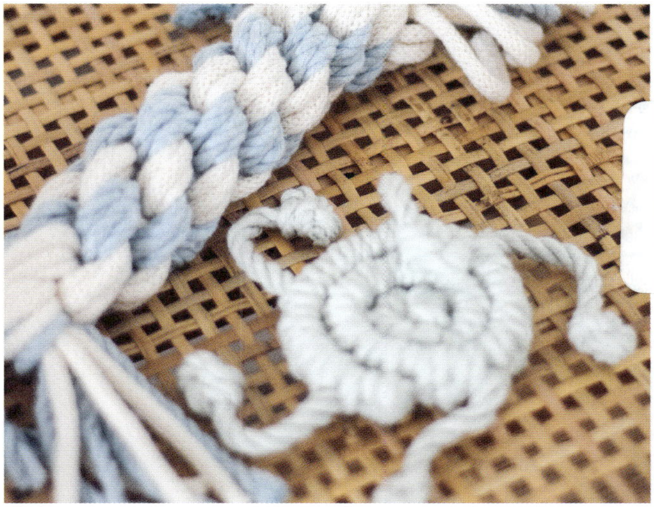
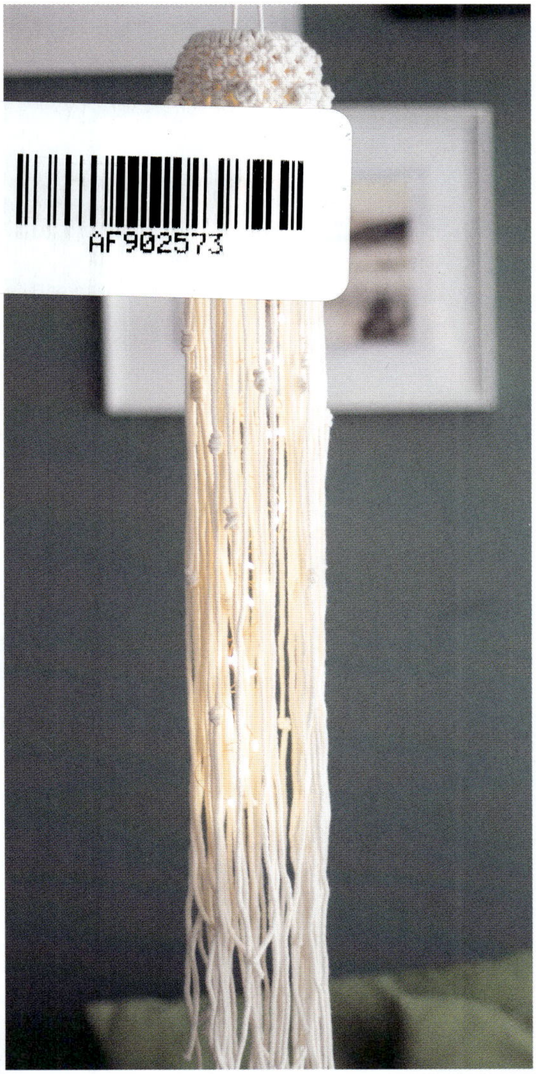

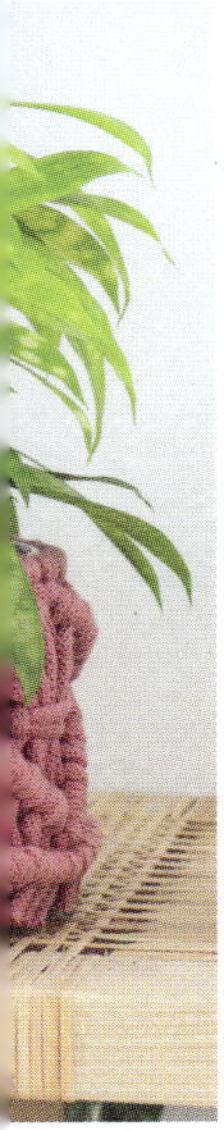

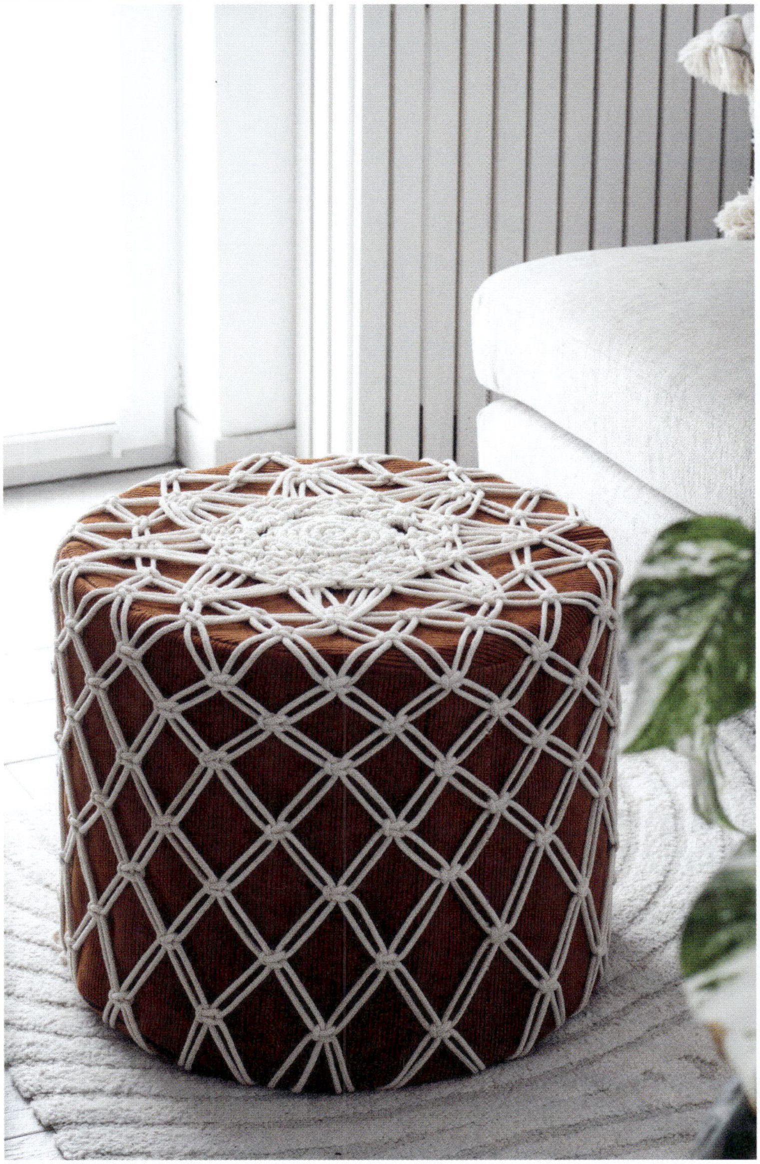
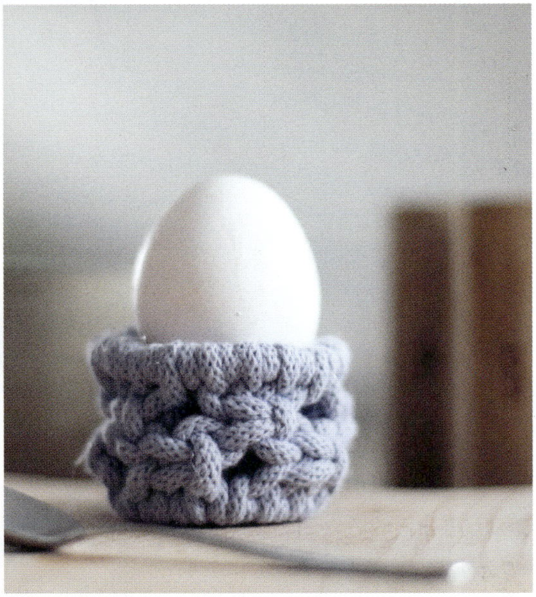

MAKRAMEE

Super Easy IN RUNDEN

EIN BUCH DER
EDITION MICHAEL FISCHER

VORWORT

Seit einigen Jahren ist Makramee wieder im Trend. Selbst meine Mutter besitzt noch Bücher mit Makramee-Anleitungen aus den 70er-Jahren. Auch ich habe hin und wieder ein wenig geknüpft und mir nach und nach die aus dem Orient stammende Knüpftechnik beigebracht. Auf meinen Social-Media-Kanälen und auf meinem Blog habe ich des Öfteren einzigartige Projekte geknüpft und dafür viel Zuspruch erhalten und mir so immer mehr Wissen dazu angeeignet.
Makrameeknüpfen ist eine großartige Gelegenheit, sich mal wieder ein bisschen Zeit für sich selbst zu nehmen und zu entspannen. Das Erfolgserlebnis dabei bleibt nicht aus. Mit wenig Aufwand und ein paar Handgriffen kannst du in überschaubarer Zeit tolle Accessoires oder Dekoelemente gestalten.

In diesem Buch zeige ich dir, wie du Makramee easy in Runden knüpfen kannst. Unter anderem findest du in diesem Buch Anleitungen für ein Yoga-Kissen, ein Windlicht oder einen Hängesessel – alles in Runden geknüpft.

Eine detaillierte Anleitung für alle im Buch verwendeten Knoten findest du gleich im vorderen Teil des Buches. Sei bitte nicht so streng mit dir und nimm dir die Zeit, die du benötigst. Außerdem knüpft jede*r von uns unterschiedlich fest. Es kann also durchaus vorkommen, dass du am Ende mehr oder weniger Garn übrighast.

Ich wünsche dir viel Freude beim Knüpfen deiner Projekte.

Mone

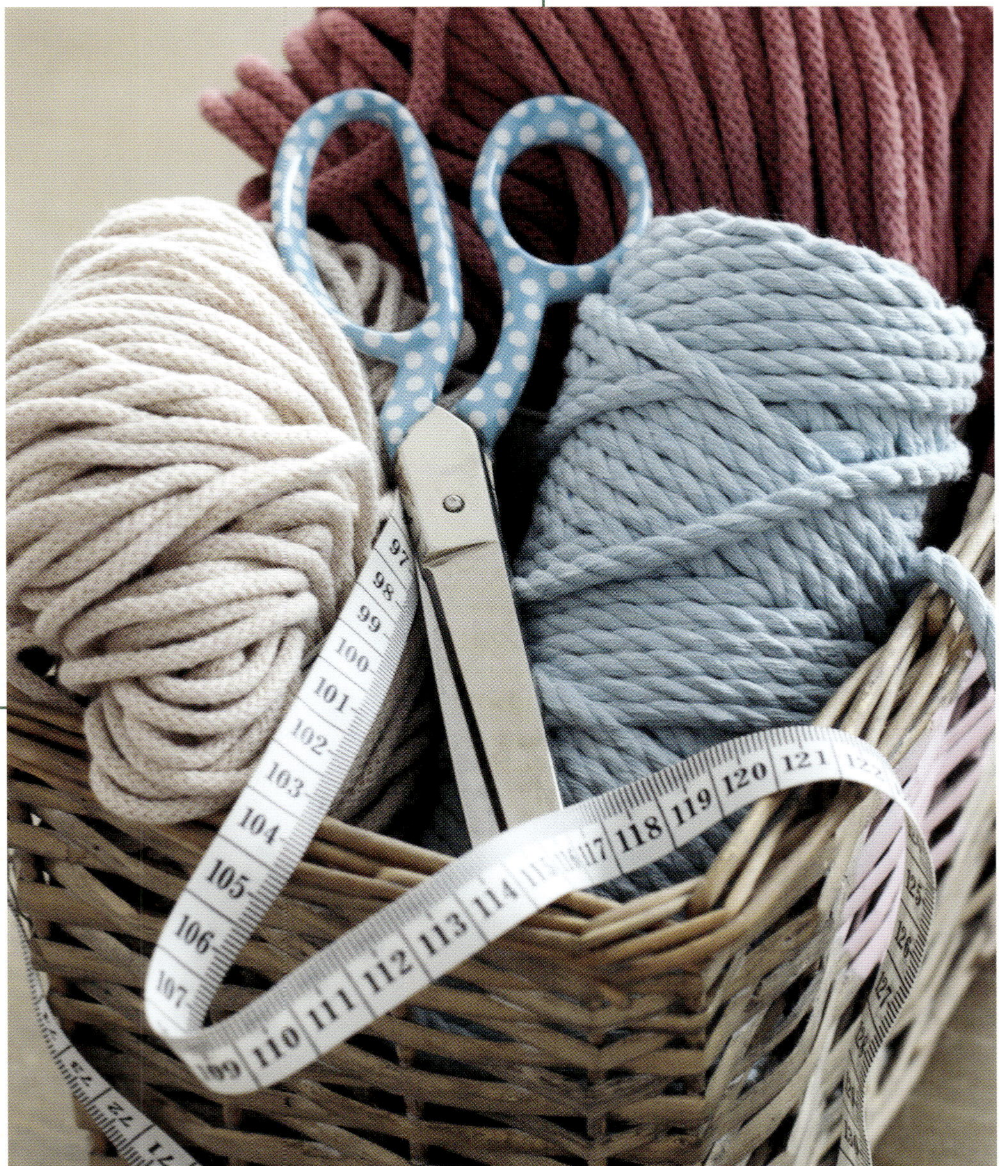

INHALT

Grundlagen 6

Projekte 26

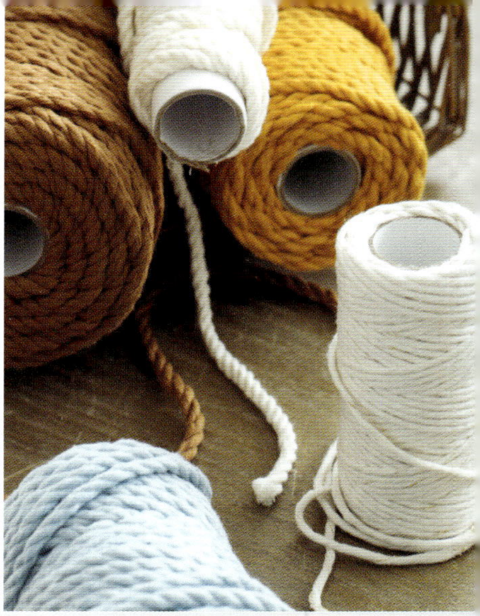

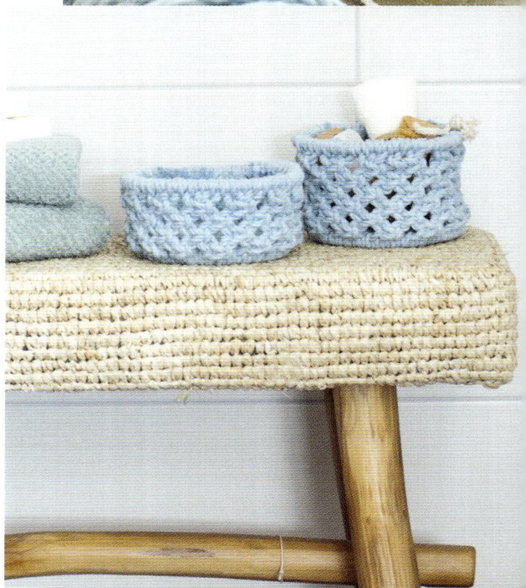

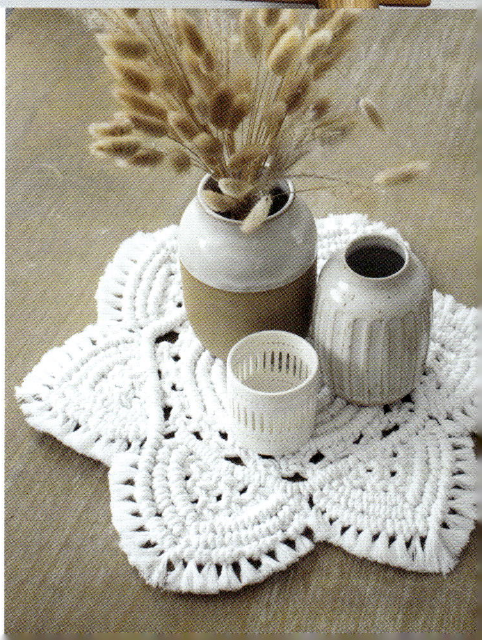

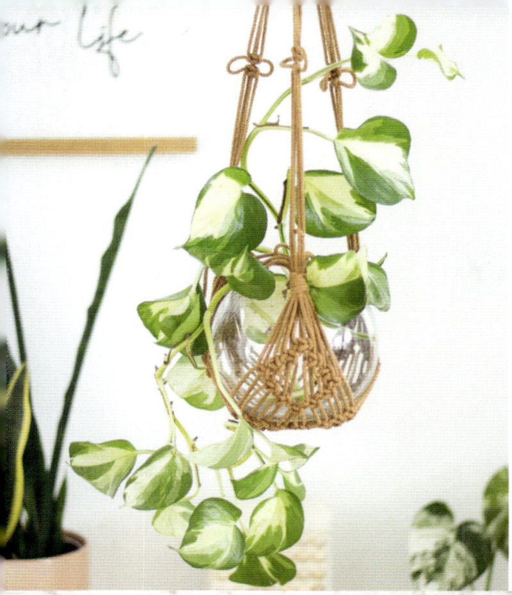

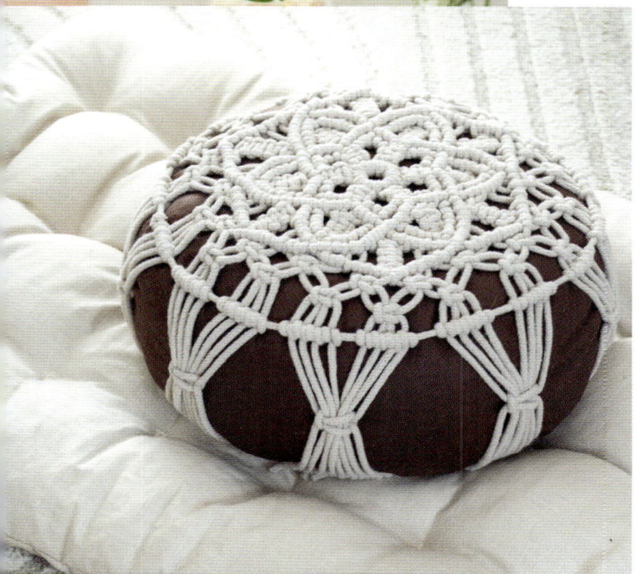

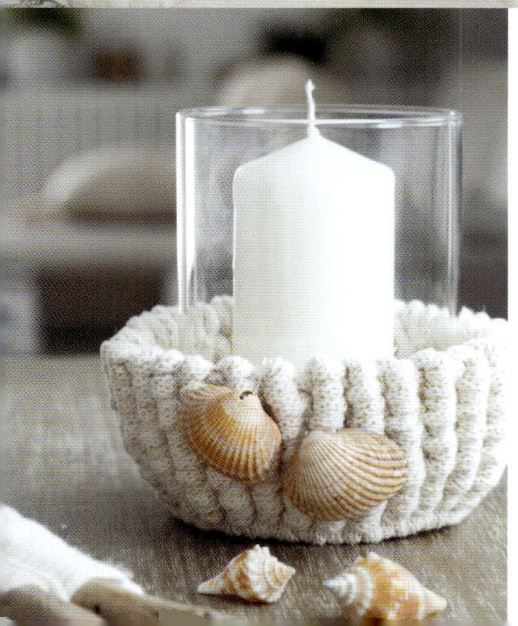

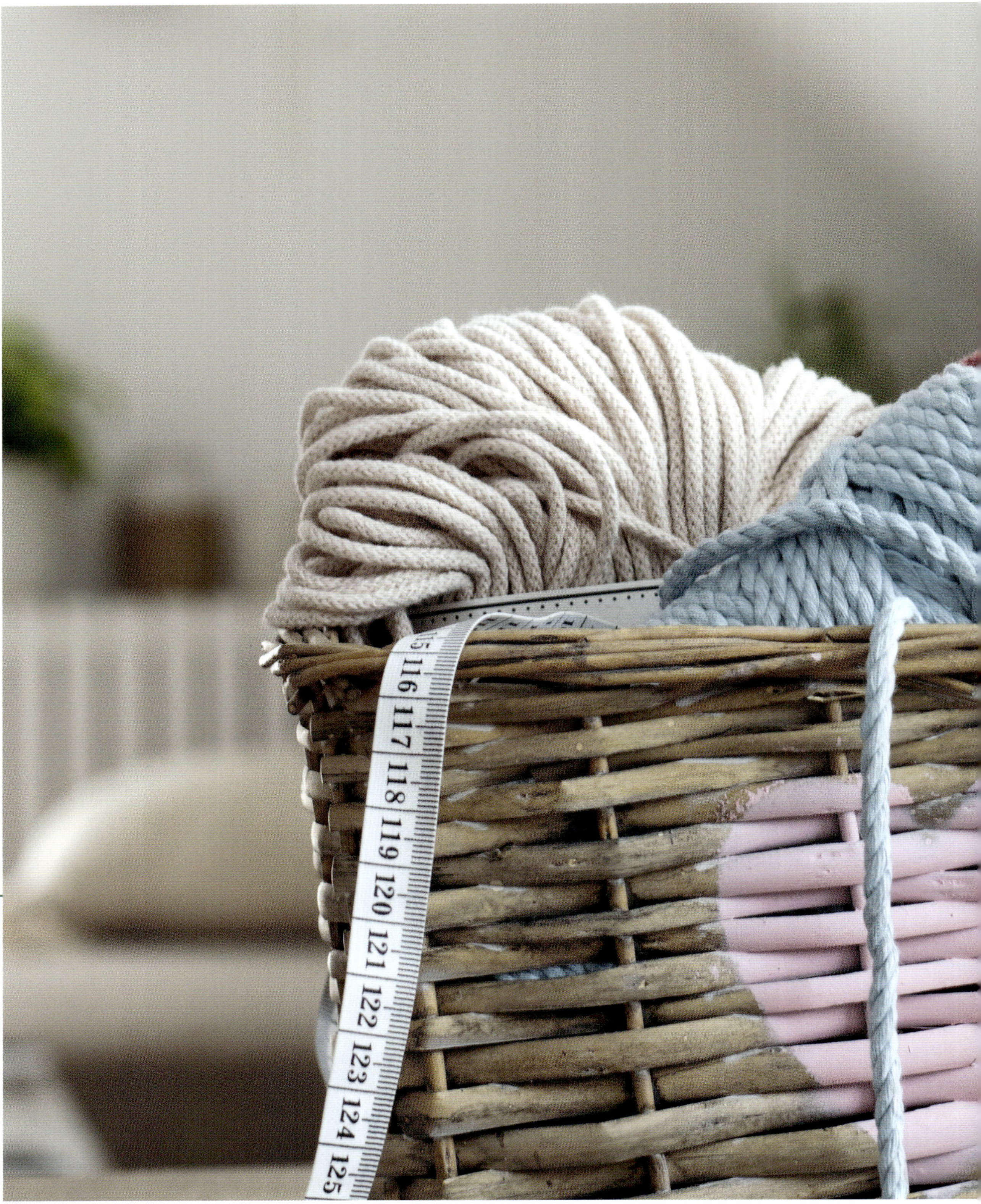
116
117
118
119
120
121
122
123
124
125

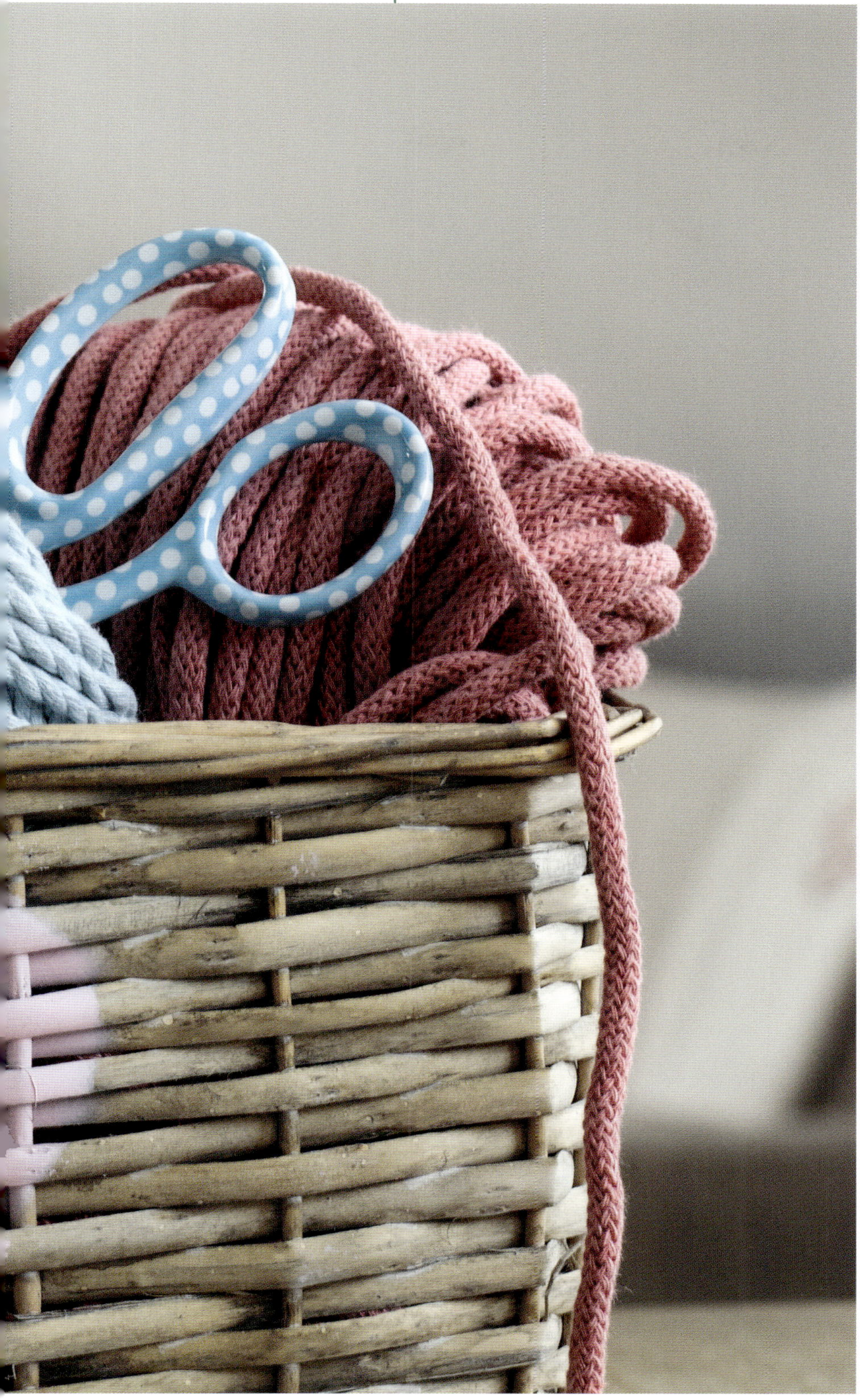

GRUNDLAGEN

Material

DAS RICHTIGE GARN!

Ich empfehle Anfänger*innen geflochtene Garne. Wenn man sich aber stärkeres Ausfransen der Enden wünscht, ist auch das mehrfach gezwirnte Garn eine tolle Alternative für den Anfang. Einfach gezwirntes Garn würde ich Anfänger*innen nicht empfehlen. Am Ende entscheidet aber natürlich auch die Vorliebe darüber, welches Garn am besten zu dir passt. Probiere verschiedene Garne und finde für dich heraus, mit welchem du gut zurechtkommst.

Mit der Zeit lernt man die Garne und ihre Besonderheiten kennen, und es fällt einem leichter, die passende Wahl für ein bestimmtes Projekt zu treffen.

TIPP

Miss dir geflochtenes Garn locker ab. Wenn du es straff ziehst beim Abmessen, erhältst du nicht die benötigte Menge an Garn.

GEFLOCHTENE GARNE

Für Makramee in Runden eignen sich besonders gut geflochtene Garne, da die Fasern ineinandergeflochten sind und die Enden nicht ganz so stark ausfransen. Das geflochtene Garn kann zu Beginn etwas ungewohnt sein, wenn man zuvor nur mit gedrehtem oder gezwirntem Garn gearbeitet hat, da dies elastischer ist. Ich finde es bestens für den Start in die Knüpftechnik geeignet, auch wenn man es nicht ausfransen kann.

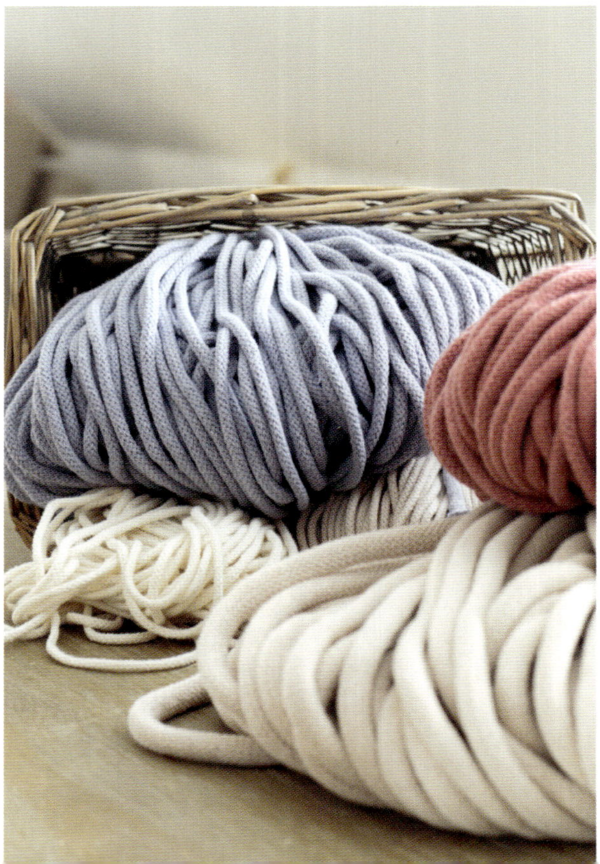

GEDREHTES UND GEZWIRNTES GARN

Sollte dein Makramee am Ende stark ausgefranst werden, dann greife bitte zu gedrehten oder gezwirnten Garnen. Diese lassen sich leicht ausdrehen und auskämmen. Dieses Garn besteht aus mehreren einzelnen Fäden, welche zu einem dicken Faden zusammengedreht wurden.

Damit die Stränge an den Enden nicht ausdrehen, kannst du dir während des Knüpfens einen kleinen Klebestreifen auf die Enden kleben.

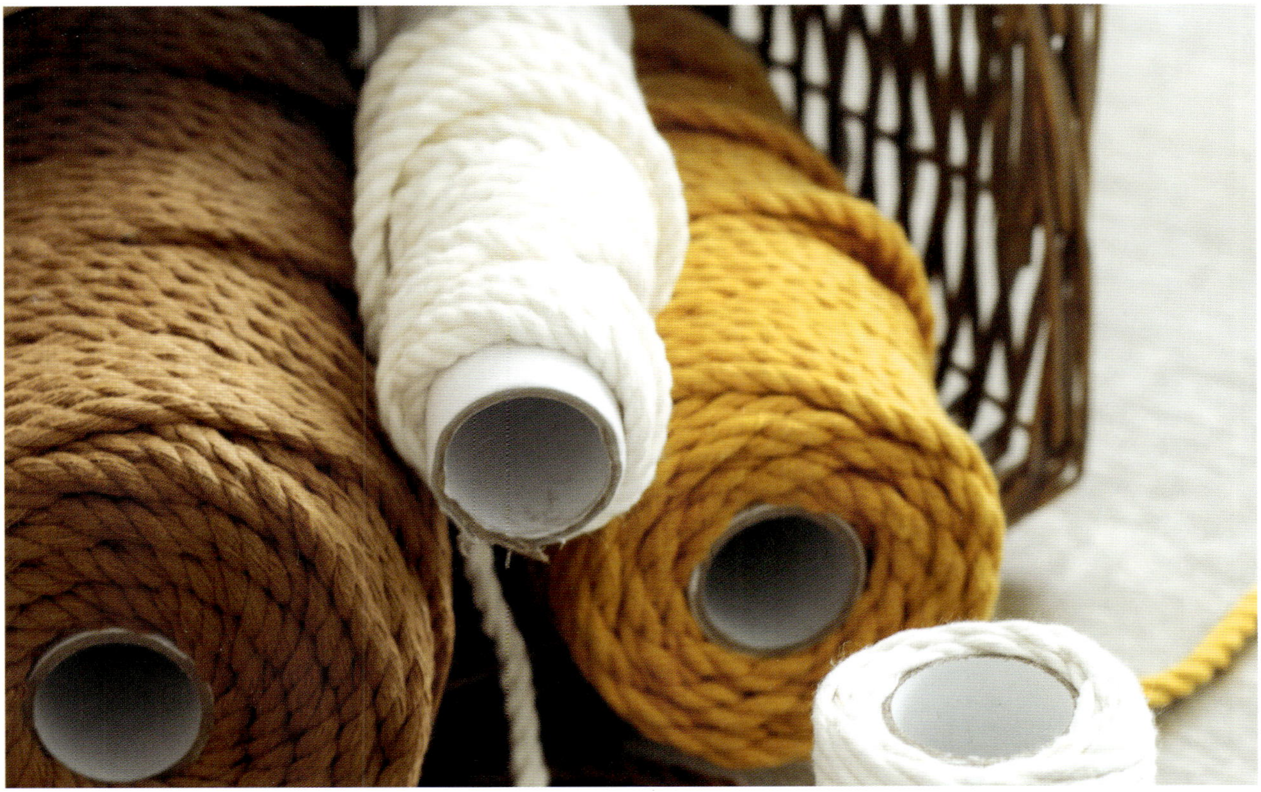

Tipps & Tricks

GARNLÄNGEN BERECHNEN

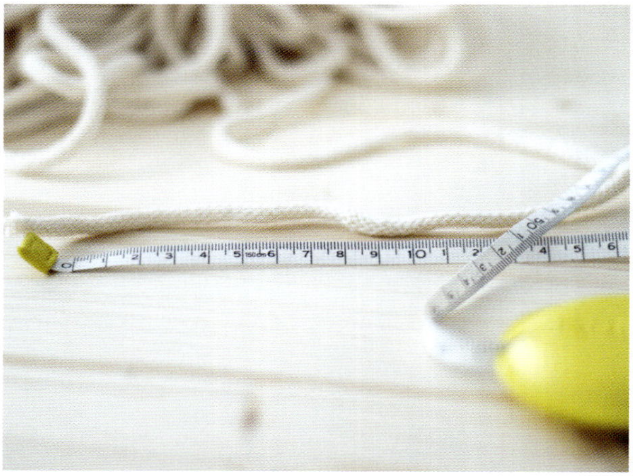

Allgemein gilt, je mehr Knoten du verwendest, umso mehr Garn benötigst du. Ein weiterer wichtiger Faktor ist, wie locker oder fest du knotest. Wenn du eher etwas lockerer knüpfst, solltest du direkt mehr Garn einplanen. Diese Regel ist dennoch immer davon beeinflusst, wie du dein Makramee gestalten möchtest. Am Ende ist es immer besser, ein wenig mehr Garn verwendet zu haben, als sich anschließend zu ärgern, wenn es doch nicht reicht.

Im Buch habe ich dir bereits alle nötigen Längen der Fäden berechnet. Wenn du dich aber mal an ein eigenes Projekt wagen möchtest oder dein Blumentopf größer ist als der aus meinem Buch, erhältst du hier von mir die Daumenregel.

Für dein Makramee-Projekt sollte das Garn mindestens 8x länger sein als die Länge, die dein Projekt am Ende hat. Dies gilt für die Projekte, die mit dem Ankerknoten beginnen, da du die einzelnen Fäden direkt mit dem Ankerknoten halbierst.

DIE BEFESTIGUNG

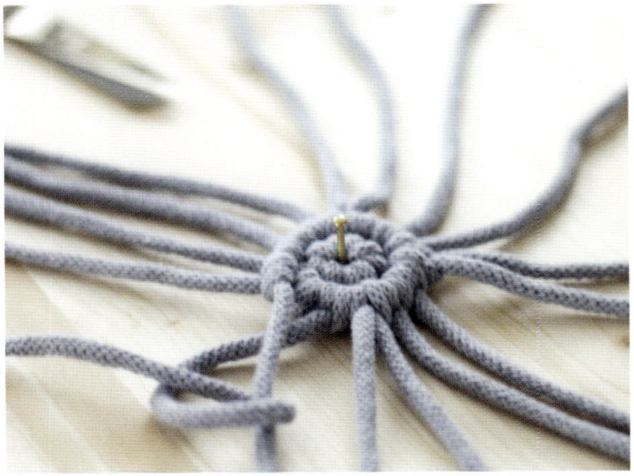

Für Makramee in Runden eignet sich besonders gut eine Unterlage aus Holz oder Kork. In eine Unterlage aus Holz kann mittig ein Nagel hineingehauen werden. Für die Variante aus Kork reichen Stecknadeln. Noch einfacher ist es, die Arbeiten direkt am Projekt auszuführen. So kannst du dein Makramee direkt mittig platzieren und mit Stecknadeln fixieren.
Für einige Projekte kannst du auch eine Kleiderstange verwenden oder einen Haken, den du an eine Tür hängen kannst. Dies ist besonders nützlich, wenn du z. B. eine Blumenampel knüpfst.

NÜTZLICHE HELFERCHEN

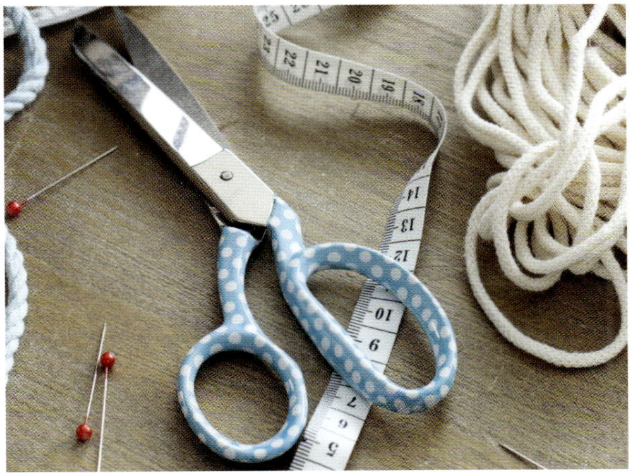

Was bei deinem Makramee-in-Runden-Projekt auf keinen Fall fehlen darf, ist ein Maßband und eine scharfe Schere. Zusätzlich ist es immer gut, Stecknadeln zum Fixieren, Häkelnadeln zum Durchfädeln und Klebeband zum Abkleben da zu haben.
Manchmal ist es außerdem vonnöten, Sekundenkleber oder Textilkleber griffbereit zu haben. Manche Enden werden im Inneren verklebt, manchmal dient der Kleber auch dazu, dass sich die Knoten nicht wieder lösen.

Um Fransen auszukämmen, eignen sich hervorragend Hundebürsten oder Flohkämme.
Zum Verstärken der Fransen kannst du Textilverstärker nach Angaben des jeweiligen Herstellers verwenden. So bleiben die Fransen in Form.

Technik

Beim Knüpfen eines Makramees wird unterschieden zwischen Arbeitsfäden (aktiv) und Trägerfäden/Trägermedium (passiv). Trägermedien sind unter anderem z. B. Holzringe.
Die Arbeitsfäden werden als aktive Fäden bezeichnet, da du mit diesen knüpfst. Beim Knüpfen können die Fäden ihre Funktion ändern. Je nach Knoten oder Muster sind diese mal aktiv, mal passiv.
Versuche, stets immer gleich stark zu knüpfen. So erhältst du ein gleichmäßiges Muster.

DIE KNOTEN

Von vorne geknoteter Ankerknoten

Mit dem Ankerknoten werden Fäden an Trägermedien befestigt, und so bildet er oftmals die Grundlage eines Makramees. Wenn nicht anders in der Anleitung beschrieben, wird für den Ankerknoten der Faden mittig zusammengelegt, sodass beide Enden bündig aufeinanderliegen.

1.

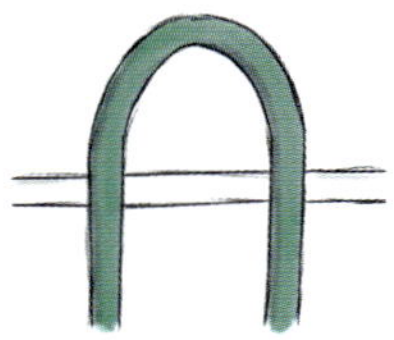

Lege die Schlaufe deines zusammengelegten Fadens auf das entsprechende Trägermedium.

2.

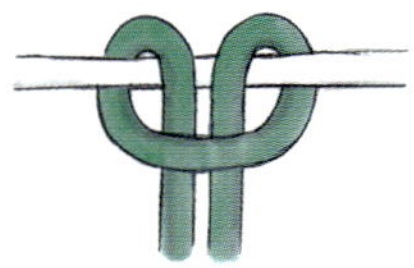

Führe die Enden um das Trägermedium herum durch die Schlaufe.

3.

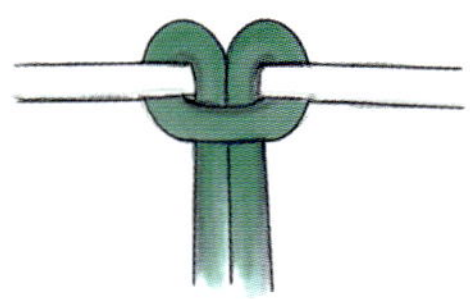

An den Enden ziehen, um den Knoten festzuziehen.

DIE KNOTEN

Linksgedrehter Wellenknoten

Der Wellenknoten wird beim Makramee oftmals mit vier Strängen geknotet. Die beiden äußeren sind dabei die Arbeitsfäden und die beiden mittleren Stränge die Trägerfäden. Er kann auch aus mehr als vier Strängen bestehen, wobei die Anzahl der Arbeits- und Trägerfäden variieren kann.

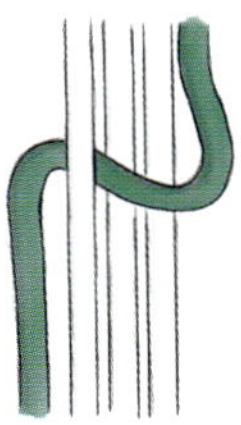

1.

Lege den rechten Arbeitsfaden über die beiden Trägerfäden. Nimm den linken Arbeitsfaden und halte ihn über den gerade drübergelegten rechten Arbeitsfaden.

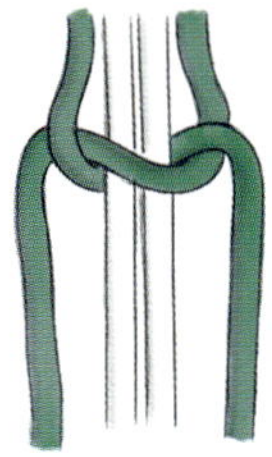

2.

Führe nun den linken Arbeitsfaden unter den beiden Trägerfäden durch die Schlaufe des rechten Arbeitsfadens hindurch nach vorne. Ziehe an beiden Arbeitsfäden, um den Knoten festzuziehen.

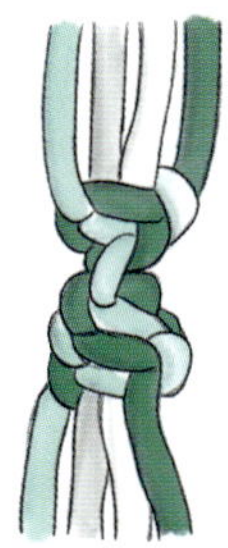

3.

Wenn du mehrere Wellenknoten untereinander knotest, entsteht ein gedrehter Strang. Du kannst den Grad der Drehung beeinflussen, indem du die Knoten entlang der Trägerfäden zusammenschiebst oder auseinanderziehst. Außerdem kannst du den Strang auch nachträglich noch ein bisschen in sich ein- oder aufdrehen.

DIE KNOTEN

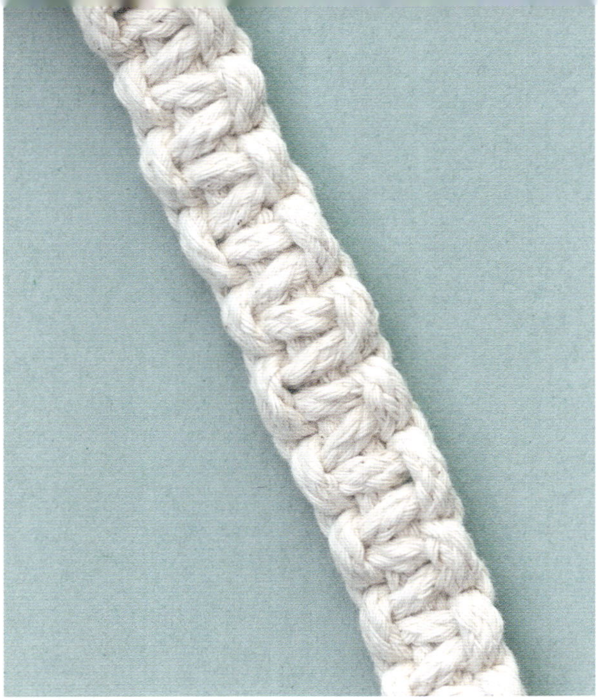

Kreuzknoten

Der Kreuzknoten ist die Fortführung des Wellenknotens von Seite 13. Wenn man mehrere Kreuzknoten untereinander arbeitet, entsteht ein gerader Strang.

1.

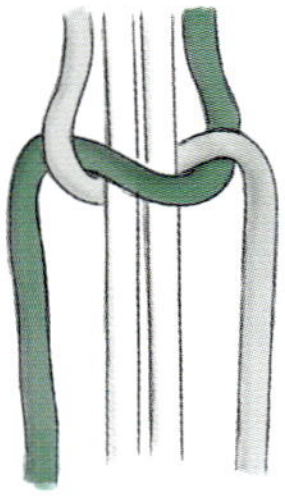

Knote einen Wellenknoten. Folge dazu den Schritten 1–2 des Wellenknotens.

2.

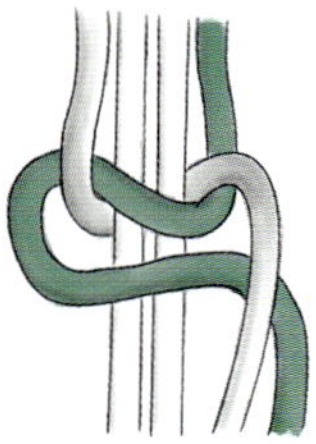

Wiederhole den Wellenknoten spiegelverkehrt, um den Kreuzknoten zu vervollständigen. Beginne also nun mit dem linken Arbeitsfaden. Lege ihn über die beiden Füllfäden. Nimm den rechten Arbeitsfaden und halte ihn wieder über den gerade drübergelegten Arbeitsfaden.

3.

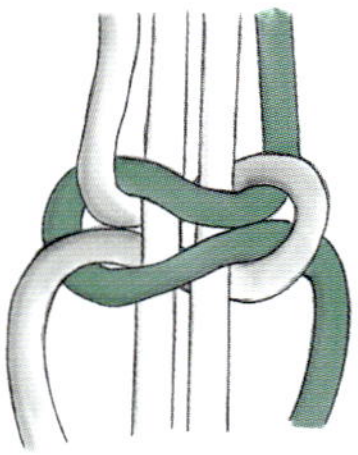

Führe den rechten Arbeitsfaden unter den beiden Füllfäden durch die Schlaufe des linken Arbeitsfadens hindurch nach vorne. Ziehe an beiden Arbeitsfäden, um den Knoten festzuziehen. Beim Knoten mehrerer Kreuzknoten untereinander kann man vor allem am Anfang schnell den Überblick verlieren, ob man mit Schritt 1 oder 2 weiterknoten muss. Achte dabei immer auf den ersten Kreuzknoten. Bei ihm ist auf der rechten Seite eine Schlaufe, die vertikal verläuft. Liegt diese Schlaufe auf der rechten Seite, knotest du mit Schritt 1 weiter. Sollte die vertikale Schlaufe auf der linken Seite liegen, dann knotest du mit Schritt 2 weiter.

DIE KNOTEN

Abnehmendes Kreuzknotenmuster

Das abnehmende Kreuzknotenmuster besteht aus verkürzten Kreuzknotenreihen. Das bedeutet, dass in jeder folgenden Reihe ein Kreuzknoten weniger geknotet wird. Damit können z. B. Dreiecksmuster geknotet werden.

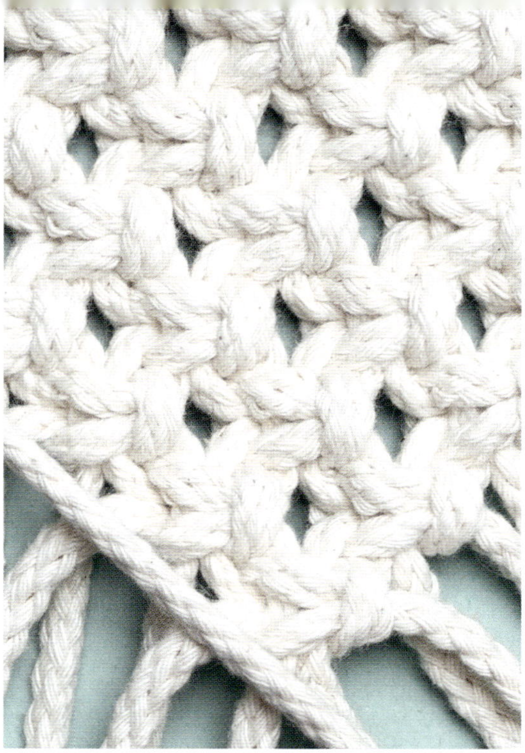

1.

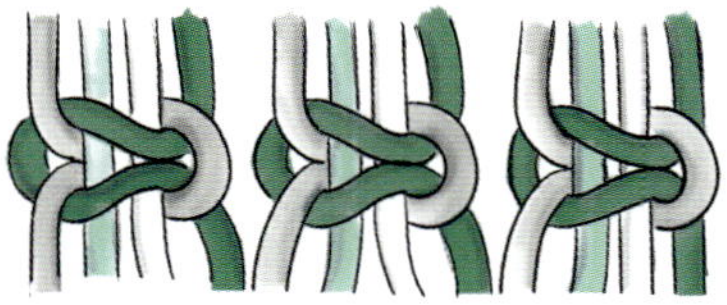

Als Beispiel für die Technik nehmen wir eine Reihe mit drei Kreuzknoten. Die Technik funktioniert mit Reihen aus beliebig vielen Kreuzknoten.

2.

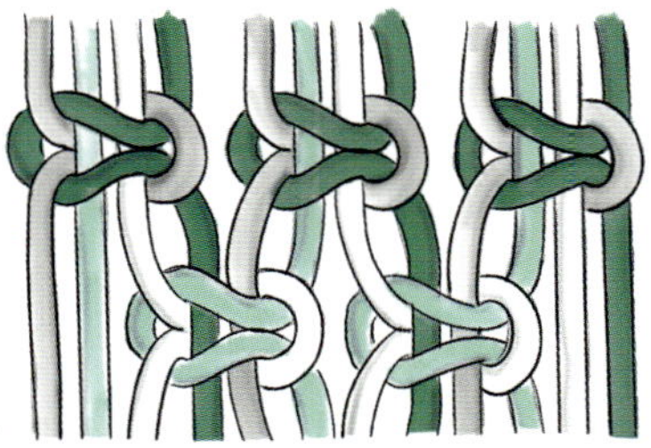

Lege in der ersten abnehmenden Reihe auf beiden Seiten je zwei Stränge zur Seite. Knote mit den restlichen Strängen Kreuzknoten, in diesem Beispiel zwei Kreuzknoten.

3.

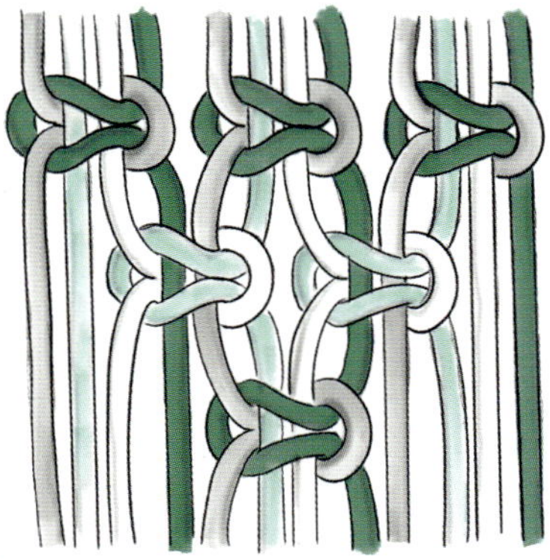

In der darauffolgenden Reihe werden zusätzlich zwei weitere Stränge auf beiden Seiten zur Seite gelegt, sodass nun auf beiden Seiten je vier Stränge weggelegt wurden. Knote mit den restlichen Strängen Kreuzknoten, in diesem Beispiel ein Kreuzknoten.

DIE KNOTEN

Versetztes Kreuzknotenmuster

Beim versetzten Kreuzknotenmuster werden die Kreuzknoten versetzt zueinander geknotet. Es können einzelne Knoten versetzt zueinander geknotet werden, aber auch komplette Reihen. Bei kompletten Reihen handelt es sich um eine Kombination aus abnehmenden und zunehmenden Reihen. Diese Technik kann ebenfalls mit beliebig vielen Kreuzknoten angewandt werden.

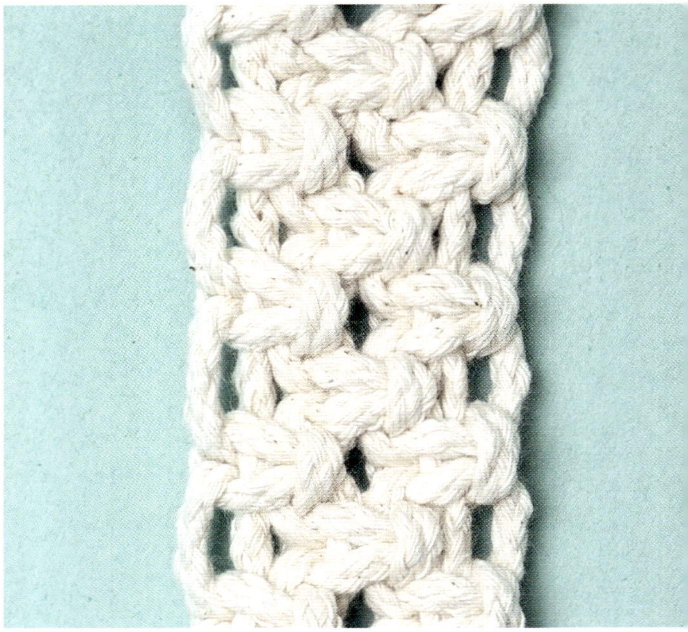

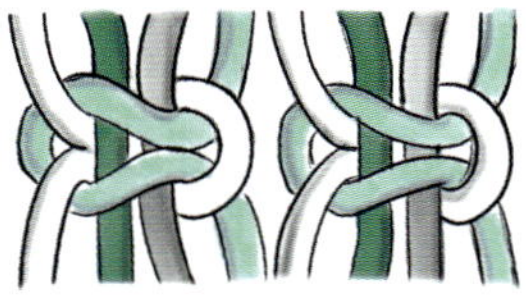

1.

Für das Beispiel wurden zwei Kreuzknoten geknotet.

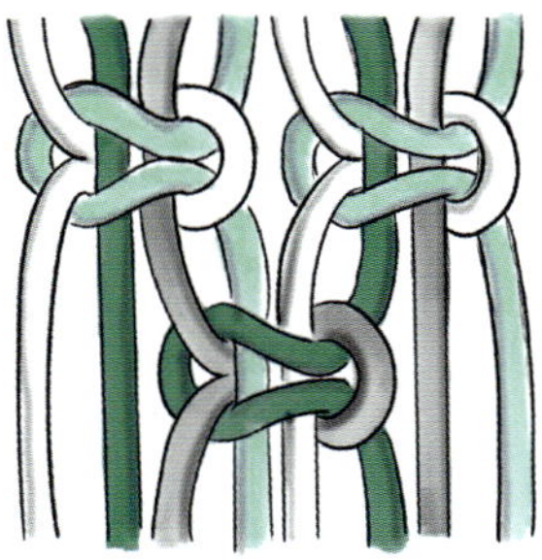

2.

Um in der darauffolgenden Reihe einen versetzten Kreuzknoten zu knoten, nimmst du zwei Stränge des einen Knotens der Reihe zuvor und die zwei danebenliegenden Stränge des nächsten Knotens, sodass du wieder vier Stränge für einen neuen Kreuzknoten hast. Hier verkürzt du also die Reihe.

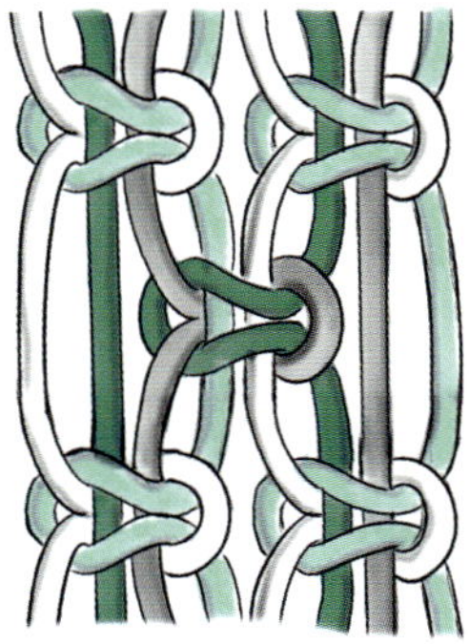

3.

Damit das versetzte Muster fortgeführt werden kann, knotest du in der nächsten Reihe zwei Kreuzknoten, wie in Schritt 1 gezeigt. Hier wird also eine zunehmende Reihe geknotet.

DIE KNOTEN

Beerenknoten

Der Beerenknoten besteht aus vier Kreuzknoten und einem kleinen Trick, der für die Fülle sorgt.

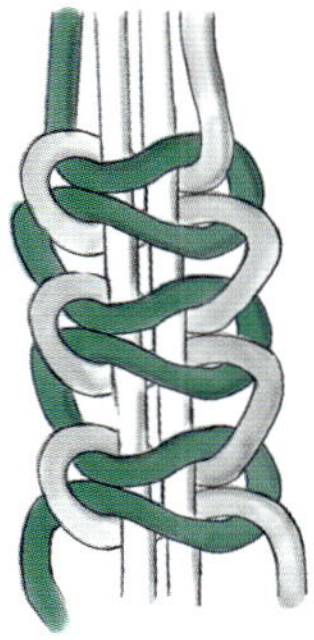

1.

Knüpfe zunächst drei Kreuzknoten hintereinander und ziehe diese gut fest.

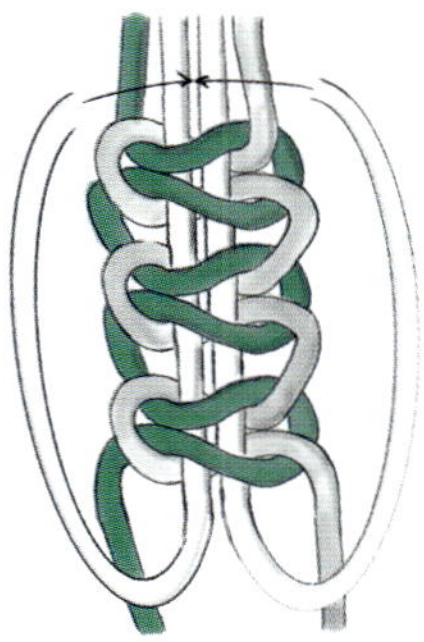

2.

Die Enden der zwei Füllfäden werden nun über den Kreuzknoten von vorn nach hinten durch die Mitte der vier Schnüre gezogen.

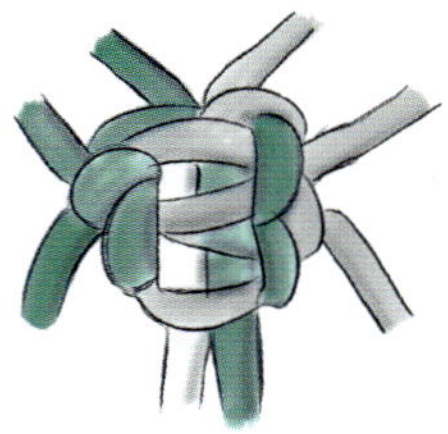

3.

Ziehe die beiden Füllfäden so weit nach unten, dass die drei Kreuzknoten sich zu einer Kugel aufrollen. Knüpfe dann einen weiteren Kreuzknoten, um die Knotenkugel zu sichern.

DIE KNOTEN

Rippenknoten

Ein Rippenknoten besteht aus zwei halben Schlägen – den Umschlägen um einen Füllfaden, sie können horizontal, vertikal oder diagonal geknotet werden. Es gibt den Rippenknoten rechts und links geknüpft. Der erste halbe Umschlag bestimmt die Position des Rippenknotens. Der zweite halbe Umschlag fixiert den Rippenknoten.

Der Trägerfaden verläuft beim Knoten des Rippenknotens immer über den Arbeitsfäden. Halte den Trägerfaden beim Knoten ein bisschen straff in die Richtung, in die die Rippe verlaufen soll. Nimm den ersten Arbeitsfaden und lege ihn locker nach oben über den Trägerfaden. Ziehe den Arbeitsfaden danach um den Trägerfaden herum durch die eigene Schlaufe. Ziehe den ersten Umschlag fest, indem du mit der einen Hand den Trägerfaden straff hältst und mit der anderen Hand den Knoten entlang des Trägerfadens zur Endposition ziehst. Wiederhole das Vorgehen für den zweiten halben Umschlag. Für einen weiteren Rippenknoten wird nun ein neuer Arbeitsfaden genommen.

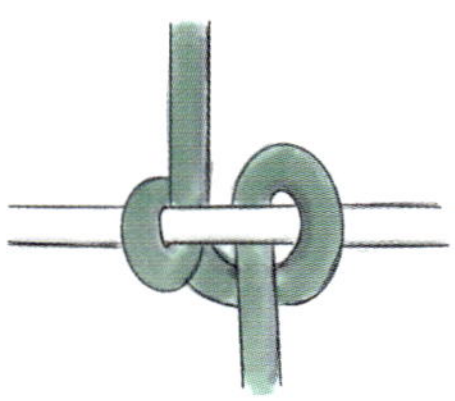

Halber Schlag im Wechsel rechts und links

Eine effektvolle einfache Kordel kann gearbeitet werden, wenn halbe Schläge im Wechsel rechts und links geknüpft werden. Wenn die Knoten nicht zu fest gearbeitet werden, sind sie entlang der Außenkanten wie kleine Mäusezähnchen zu sehen.

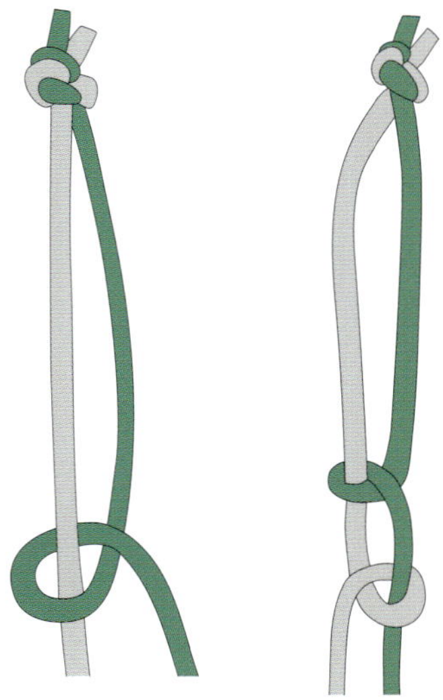

Halbe Schläge links und rechts.

DIE KNOTEN

Doppelter halber Schlag horizontal, diagonal und vertikal

Hier werden zwei halbe Schläge hintereinander geknüpft. Den Arbeitsfaden dafür um den Füllfaden legen und durch die entstandene Schlinge ziehen. Den Knoten dann gut festziehen. Jetzt das Ganze wiederholen.

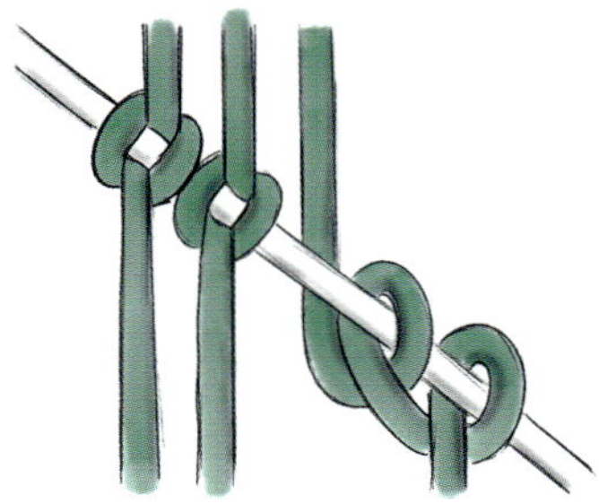

Zwei doppelte halbe Schläge diagonal.

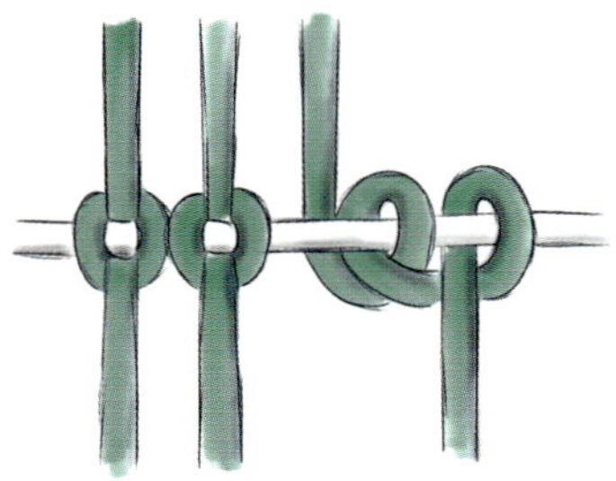

Zwei doppelte halbe Schläge horizontal.

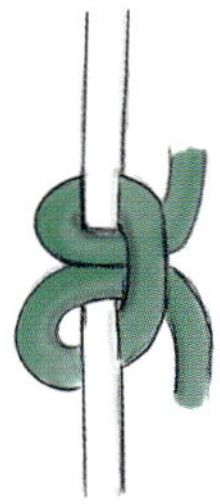

Zwei halbe Schläge vertikal.

DIE KNOTEN

Fassknoten

Mit dem Fassknoten können kleine Garnperlen geknotet werden, die dann z. B. lang hängenden Fäden ein lockeres Muster geben.

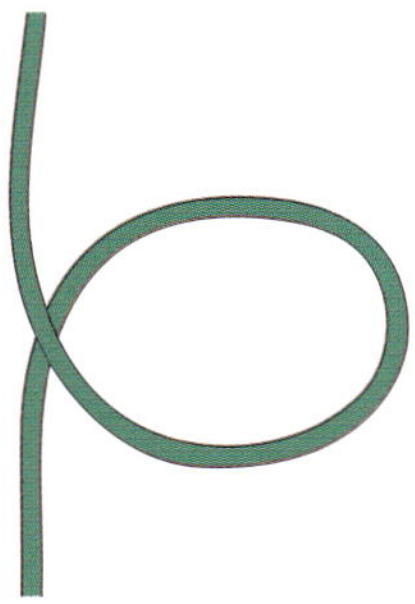

1.

Forme mit dem Arbeitsfaden eine nicht zu enge Schlaufe.

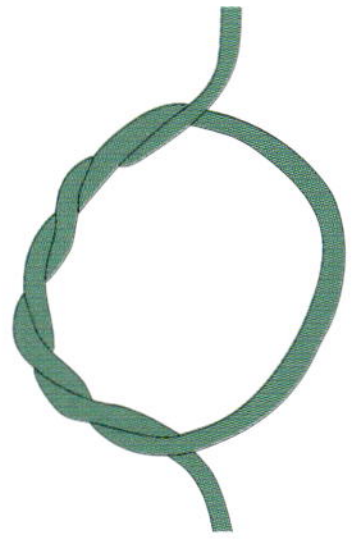

2.

Führe das Ende des Arbeitsfadens mehrere Male durch die Schlaufe. Umwickle sie quasi mit sich selbst. Je öfter du den Faden durch die Schlaufe führst, umso dicker wird am Ende dein Fassknoten.

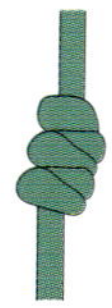

3.

Ziehe nun am Ende des Arbeitsfadens und schiebe so deinen Fassknoten zusammen.

Gekreuzter oder Endlosknoten

Mit diesem Knoten können aus zwei Fäden elastische Bänder gearbeitet werden.

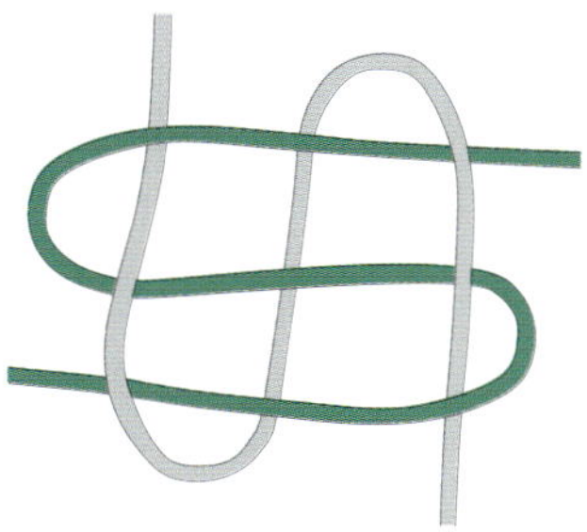

1.

Lege den ersten Arbeitsfaden in zwei Schlingen und führe den zweiten Faden wie in der Abbildung darüber und darunter hindurch.

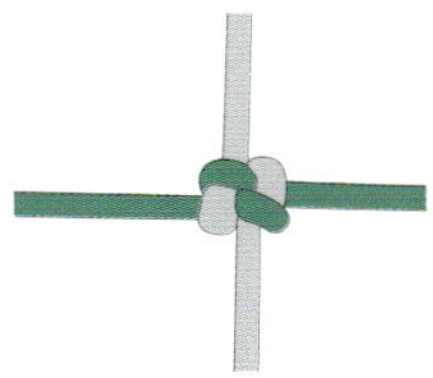

2.

Bringe den unteren grauen Faden nach oben und den oberen nach unten. Führe das linke grüne Fadenendein die obere graue Schlaufe. Das rechte grüne Fadenende wird in die untere graue Schlaufe geführt. Ziehe alle Fäden fest.

DIE KNOTEN

Wickelknoten

Mit dem Wickelknoten werden mehrere Stränge zusammengehalten. Man benutzt ihn entweder als Abschlussknoten bei Blumenampeln, z. B. für Tasseln oder zum Befestigen von Fäden an einem Ring. Er wird mit einem zusätzlichen Faden geknotet. Die Länge hängt davon ab, wie breit du deinen Wickelknoten knoten möchtest. Schneide deinen extra Faden für den Wickelknoten also lieber etwas großzügiger zu, solltest du ihn breiter knoten wollen.

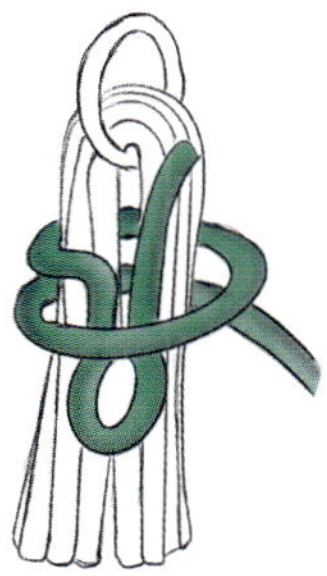

1.

Forme an einem Ende deines extra Fadens eine kleine Schlaufe und lege sie auf die Stränge, die zusammengehalten werden sollen. Die Schlaufe entscheidet mit darüber, wie breit dein Wickelknoten wird, sie sollte ein paar Zentimeter größer sein als der Wickelknoten breit werden soll. Wickel das lange Ende fest und gleichmäßig um die Schlaufe und alle anderen Stränge in Richtung Schlaufe. Achte darauf, dass oben ein paar Zentimeter des kurzen Endes nicht umwickelt werden.

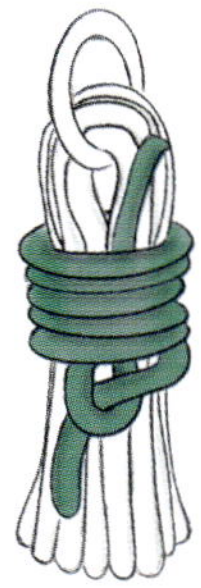

2.

Wenn du die gewünschte Breite deines Wickelknotens erreicht hast, führe das umwickelte Ende durch die Schlaufe.

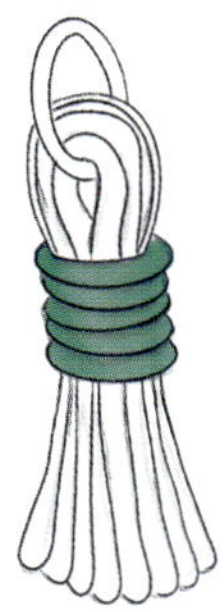

3.

Halte das umwickelte Ende weiterhin straff und ziehe oben an dem Schlaufenende, sodass die Schlaufe unter dem Wickelknoten verschwindet. Schneide die beiden Enden bündig zum Knoten ab.

Die Anfänge von Makramees in Runden sind meist dieselben. In diesem Buch hast du zwei unterschiedliche Anfänge, die ich dir hier Schritt für Schritt zeige. In den einzelnen Anleitungen steht direkt unter dem 1. Schritt, welchen der beiden Anfänge du verwenden musst.

START 1 mit Trägerfaden

Für dein Projekt benötigst du einen Trägerfaden, an dem du mit Rippenknoten in das Makramee startest. Es entsteht zu Beginn eine Schnecke. Wie viele Fäden und an welcher Stelle sie eingeknüpft werden, steht in der entsprechenden Anleitung.

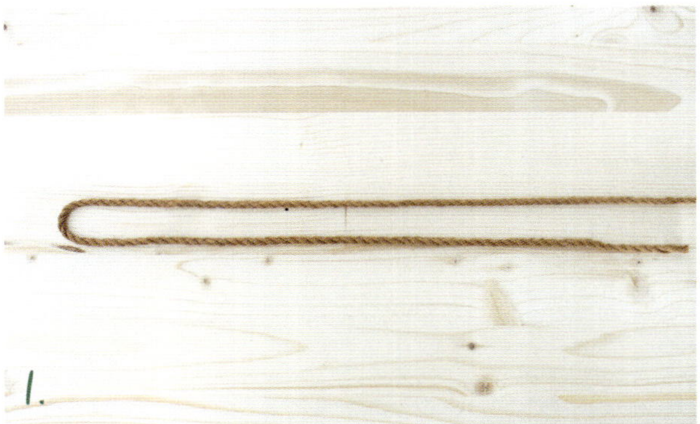

Lege dir deinen Trägerfaden mit den Angaben aus dem jeweiligen Projekt zur Schlaufe zusammen. Hier ist ein Ende des Trägerfadens immer länger als das andere.

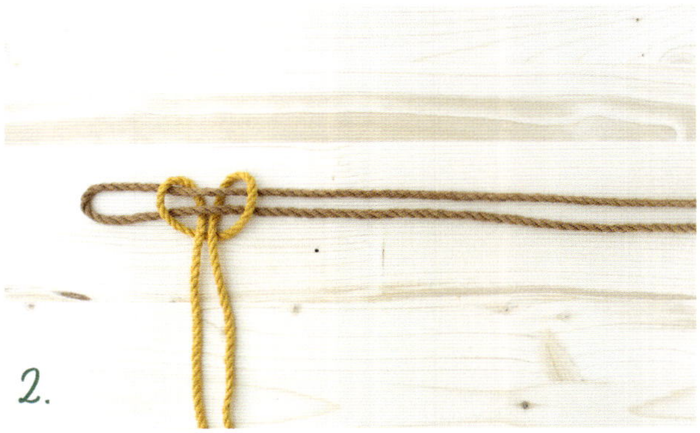

Danach werden die Arbeitsfäden mittig zur Schlaufe gelegt und unter dem Trägerfaden platziert. Die Fäden werden mit dem von hinten geknoteten Ankerknoten am Trägerfaden befestigt. Die Schlaufe sollte nach dem ersten Ankerknoten ca. 3 cm groß sein.

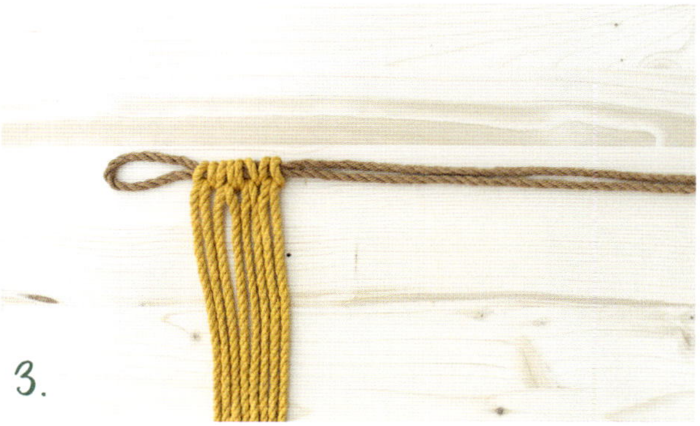

Alle nötigen Stränge für den Start (meistens 4) werden nacheinander am Trägerfaden befestigt.

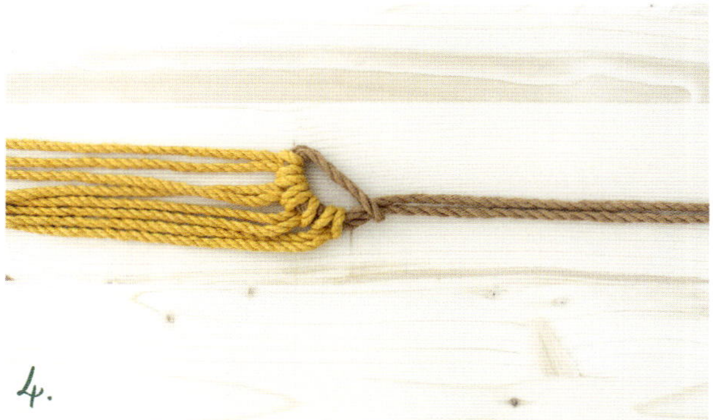

Jetzt werden beide Enden des Trägerfadens durch die Schlaufe geführt. Und anschließend kräftig zusammengezogen, sodass die Knoten im Kreis liegen.

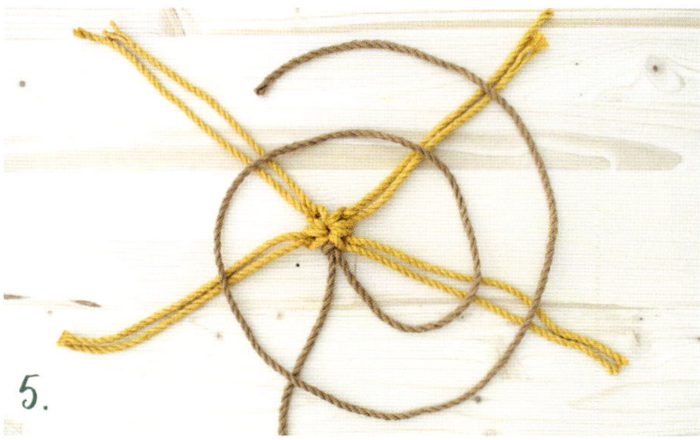

Die einzelnen Knoten liegen, nachdem du diese zusammengezogen hast, im Kreis. Mit dem längeren Ende deines Trägerfadens werden rundum die einzelnen Runden geknüpft. Das kurze Ende deines Trägerfadens wird ein weiterer Arbeitsfaden. Starte anschließend mit dem nächsten Schritt im jeweiligen Projekt.

TIPP

Markiere dir das längere und kurze Ende deines Arbeitsfadens mit einem Stück Klebestreifen. Darauf kannst du mit wasserfestem Stift „Start“ und „Ende“ schreiben. Das kann für die einzelnen Runden sehr praktisch sein.

START 2 ohne Trägerfaden

Beim Start ohne einen Trägerfaden knüpfst du auch im Kreis. Jedoch beginnt dein Makramee nicht mit der Schneckenform.

Du kannst bei diesem Start direkt mit allen Strängen arbeiten und benötigst zunächst keinen Trägerfaden. Die Fäden für diesen Start sind meist alle gleich lang.

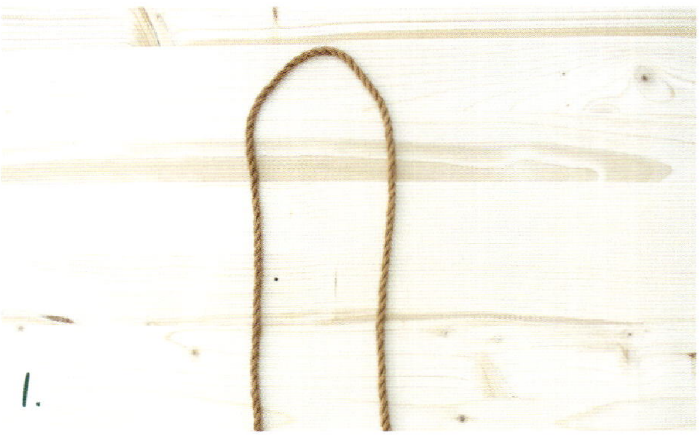

Lege dir einen Faden des ersten Schritts zu einer ca. 4 cm breiten Schlaufe.

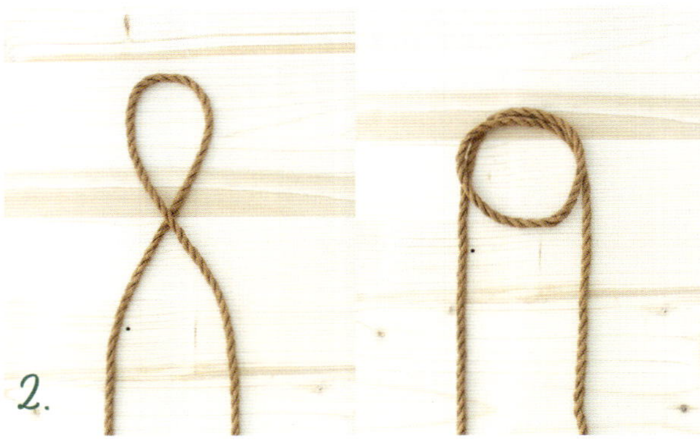

Drehe das geschlossene Ende einmal über Kreuz und klappe die Schlaufe nach unten weg auf deine Arbeitsfläche.

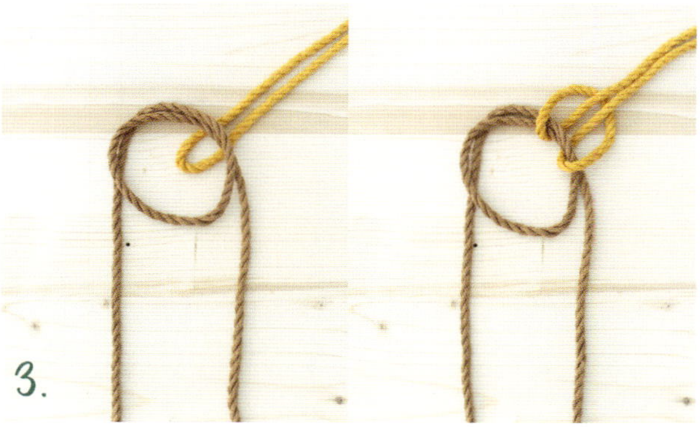

In der entstandenen Schlinge werden anschließend die einzelnen Fäden mit dem von hinten geknoteten Ankerknoten befestigt.

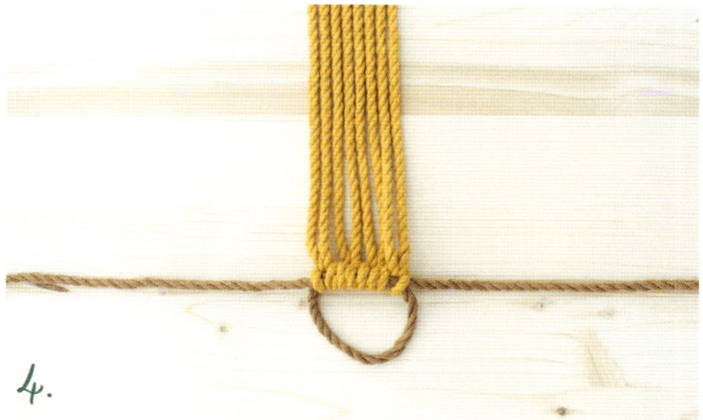

Nachdem du alle Fäden in der Schlinge befestigt hast, ziehst du die Enden auseinander. So zieht sich die Schlinge zusammen, und die Knoten liegen im Kreis aneinander.

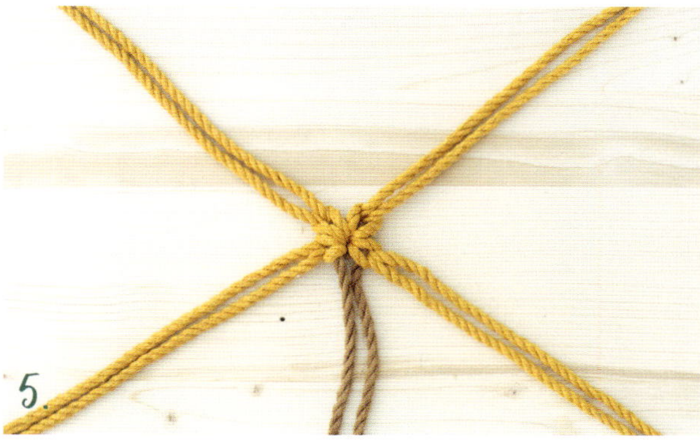

Starte anschließend mit dem nächsten Schritt in der Anleitung.

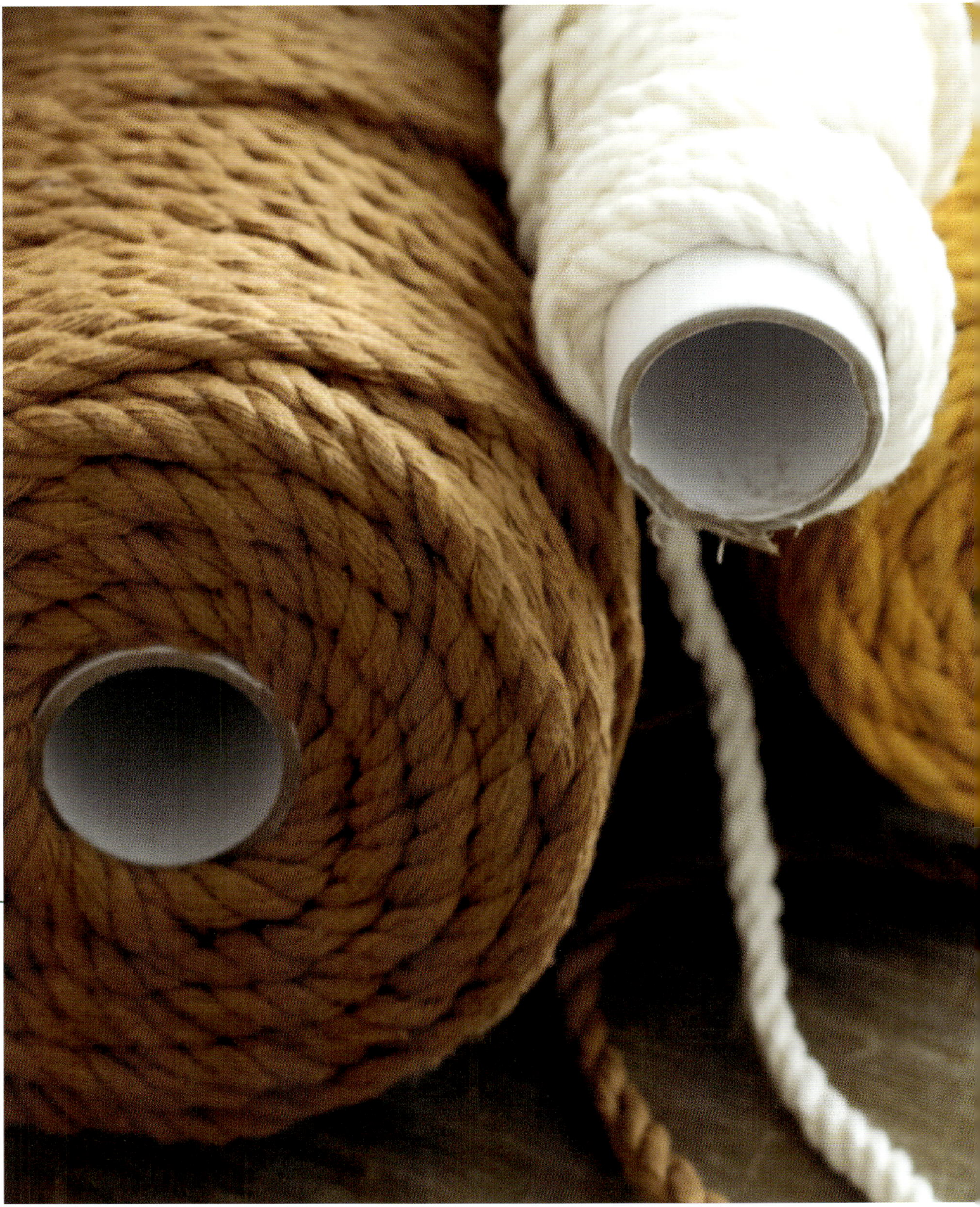

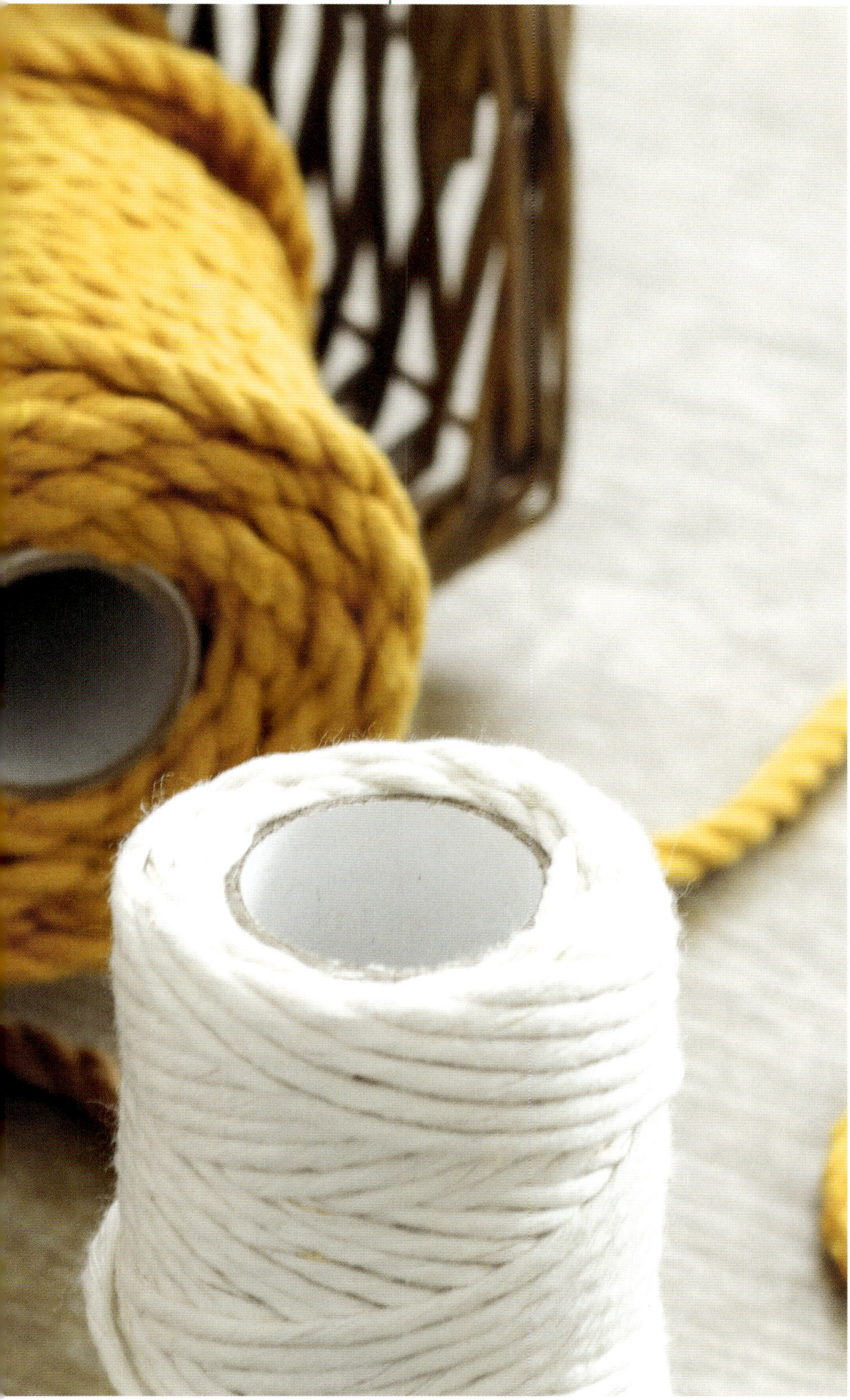

PROJEKTE

Mit dem Muster dieses Projekts kannst du Variation in deine Tischdeko bringen.
Aber Vorsicht: Das Spielen mit verschiedenen Farbstellungen macht süchtig!

Untersetzer

MATERIAL

Bobbiny Baumwollgarn (gedreht, Ø 5 mm)
in Weiß und Caramel
Schere
Kamm

VERWENDETE KNOTEN:

von hinten geknoteter Ankerknoten
Rippenknoten

ZUSCHNITT FÄDEN:

1x 155 cm in Caramel
5x 80 cm in Caramel
4x 50 cm in Caramel
1x 40 cm in Caramel
3x 30 cm in Caramel
3x 80 cm in Weiß
1x 50 cm in Weiß
1x 40 cm in Weiß

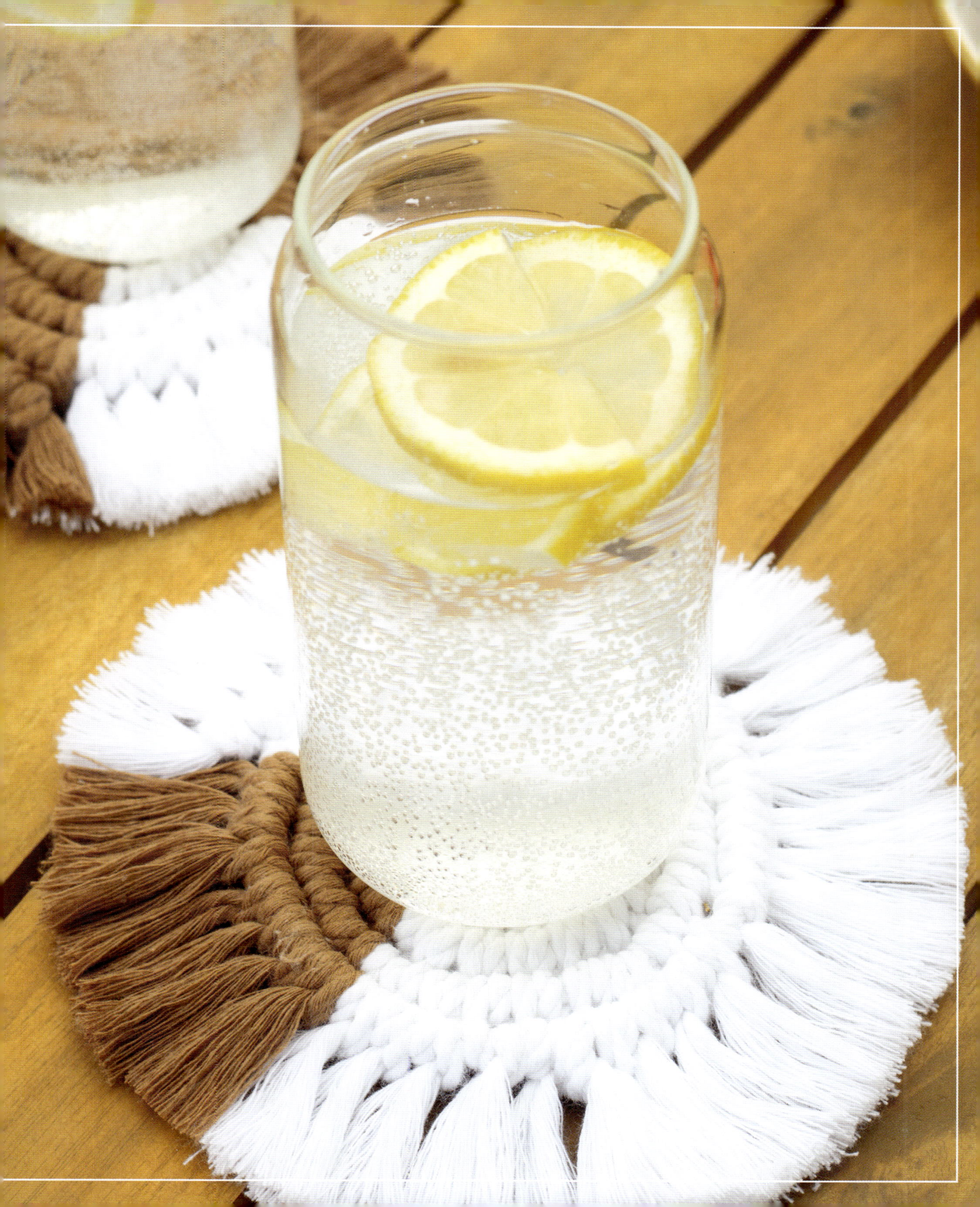

So wird's gemacht

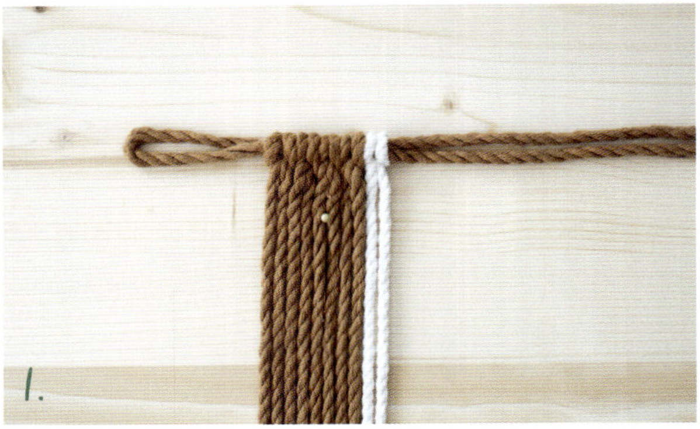

Nimm den 155 cm langen Faden in Caramel zur Hand und miss dir von einer Seite aus 50 cm ab. Lege den Faden dort zu einer Schlaufe. Dieser Faden ist dein Trägerfaden. Befestige zuerst die vier Fäden je 80 cm lang in Caramel mit dem von hinten geknoteten Ankerknoten (siehe Seite 12) am Trägerfaden. Darauf folgt der 80 cm lange Faden in Weiß auf der rechten Seite. Gehe vor, wie in Start 1 (siehe Seite 22) beschrieben.

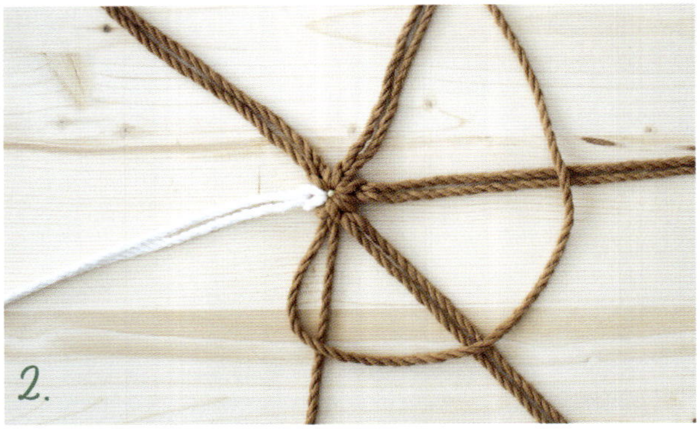

Arbeite mit dem längsten Strang entgegen dem Uhrzeigersinn. Der Trägerfaden sollte rechts neben dem weißen Faden liegen. Knüpfe die einzelnen Stränge mit dem Rippenknoten (siehe Seite 18) am Trägerfaden fest.

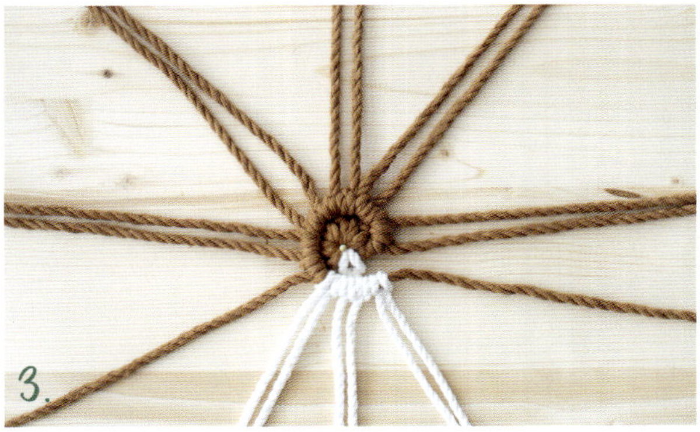

Nach den ersten beiden Rippenknoten wird der Abstand zum nächsten Strang zu groß. Füge einen Faden mit 80 cm Länge in Caramel hinzu und befestige ihn mit dem von hinten geknoteten Ankerknoten. Um ein auslaufendes Muster in Weiß zu erzeugen, nimm zwei weitere Fäden je 80 cm in Weiß. Einer wird vor dem zu knüpfenden weißen Faden nach dem 9. Rippenknoten mit dem von hinten geknoteten Ankerknoten befestigt. der zweite wird nach dem 11 Rippenknoten an den Trägerfaden geknüpft.

TIPP

Du kannst deinen Untersetzer vergrößern, indem du nach Bedarf weitere Stränge und Runden hinzufügst.

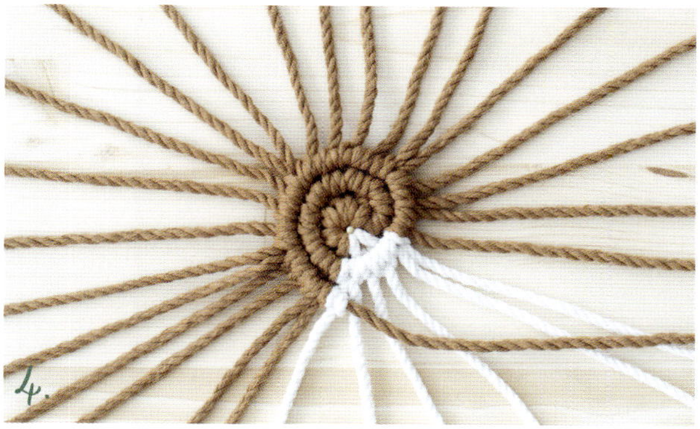

Für die 3. Runde benötigst du je Farbe einen Faden mit je 40 cm Länge. Der Faden in Caramel wird nach dem 6. Rippenknoten hinzugefügt. Der weiße Faden wird nach dem 23 Rippenknoten angefügt.
In der 4. Runde folgt nach Rippenknoten 4, 16, 19 je ein neuer Faden in Carmel mit je 30 cm Länge. Insgesamt werden in dieser Runde drei neue Fäden eingearbeitet.

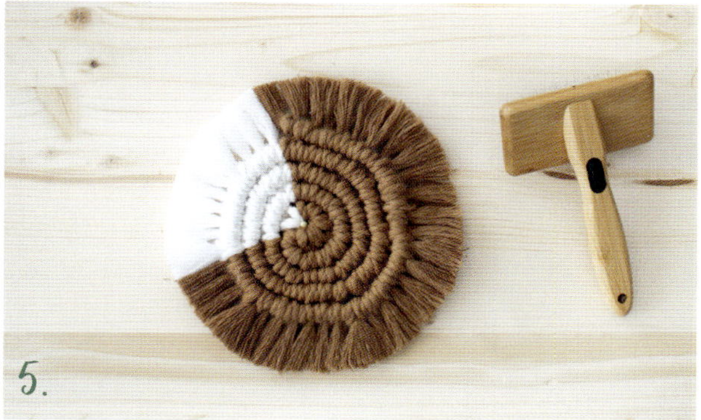

Die 4. Runde endet vor dem Farbwechsel. Schneide die Enden der Rippenknoten auf 2 cm zurück. Danach werden die Stränge ausgekämmt.

TIPP

Schneide dir eine kreisförmige Schablone aus Pappe zu und lege diese auf deinen Untersetzer. Schneide damit deine Fäden zu, damit du gleich lange Enden hast.

Diese Makramee-Wohndeko macht nicht nur richtig was her, sie ist auch superpraktisch. Nicht waschbare Möbelstücke erhalten so einen waschbaren und sehr stylischen Bezug.

Hocker

MATERIAL

Bobbiny Baumwollgarn (geflochten, Ø 5 mm) in Iris
Hocker, Ø 26 cm (von buttinette)
Stecknadeln
Schere

VERWENDETE KNOTEN:

von hinten geknoteter Ankerknoten
Rippenknoten
versetzter Kreuzknoten

ZUSCHNITT FÄDEN:

6x 210 cm
7x 230 cm
22x 120 cm

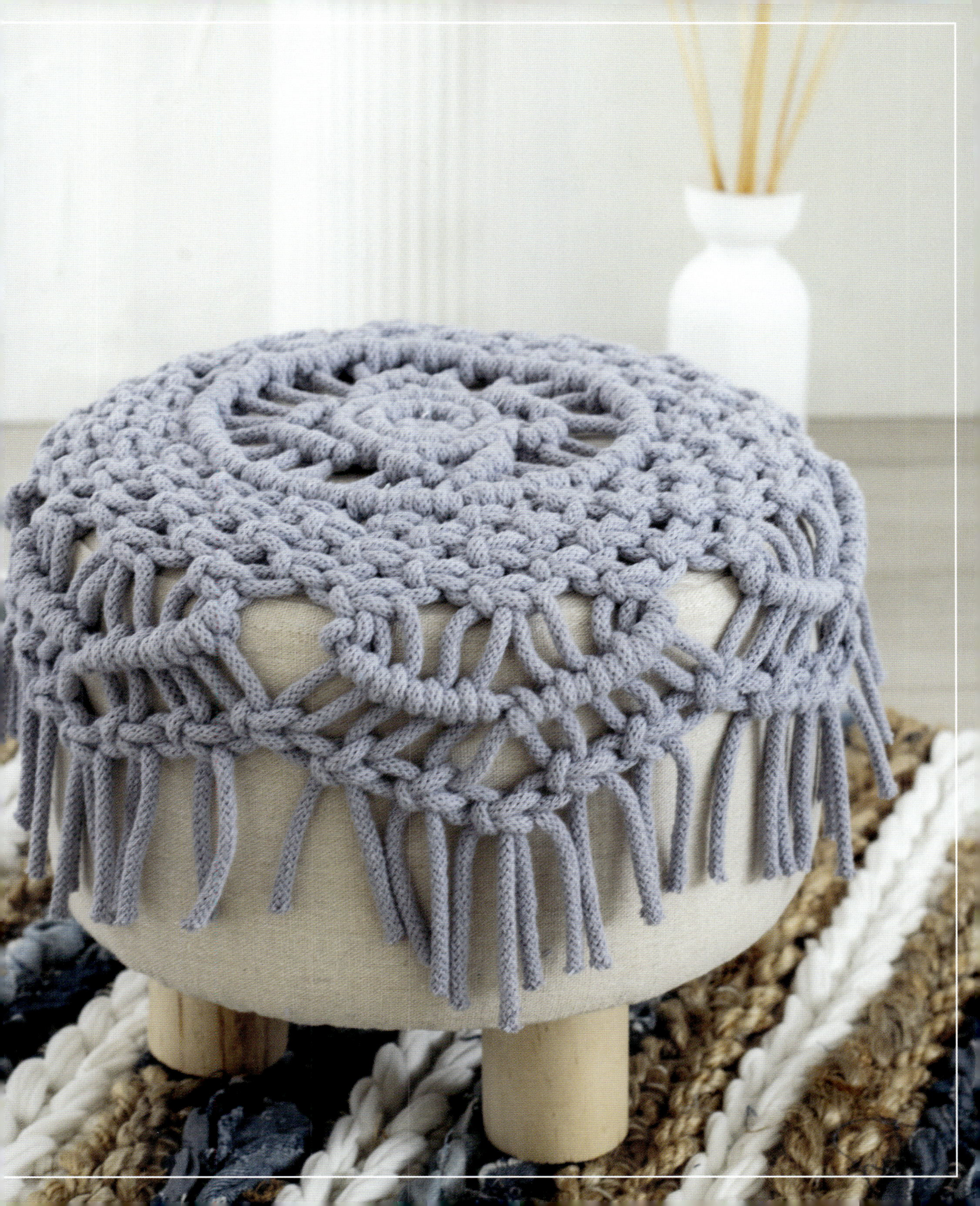

So wird's gemacht

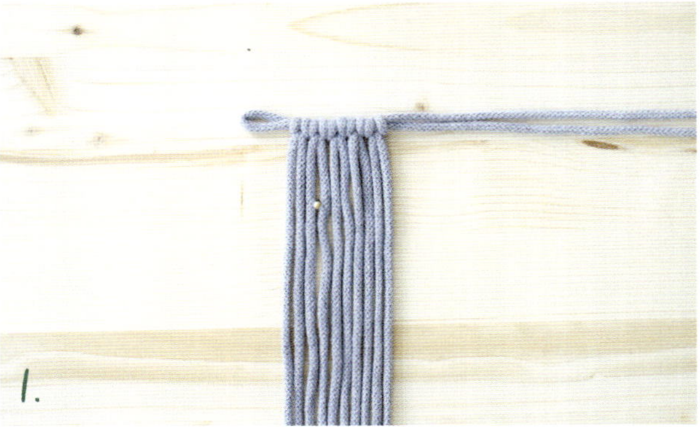

Lege dir einen Faden mit der Länge von 210 cm zu einer Schlaufe zusammen, dies ist dein Trägerfaden. Ein Ende sollte 85 cm lang sein und das andere Ende 125 cm. Gehe vor, wie in Start 1 (siehe Seite 22) beschrieben, und knüpfe die vier Fäden mit je 230 cm Länge am Trägerfaden fest.

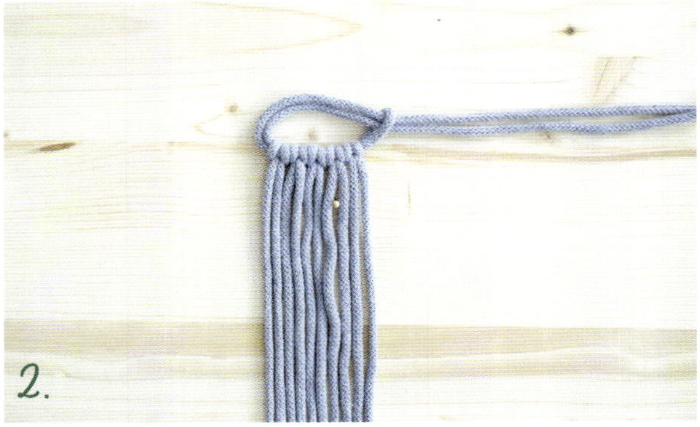

Führe die Enden des Trägerfadens durch die Schlaufe, ziehe die Schlaufe fest zu und fixiere die Mitte auf deiner Arbeitsfläche.

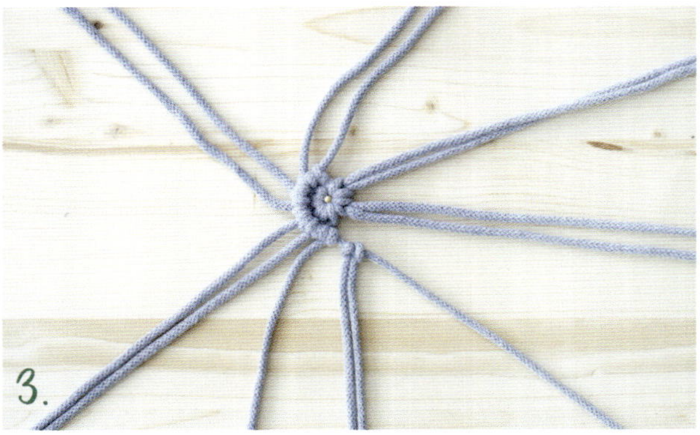

Arbeite nun mit dem längeren Ende des Trägerfadens entgegen dem Uhrzeigersinn. Knüpfe sieben Rippenknoten (siehe Seite 18) und befestige danach einen Faden mit einer Länge von 230 cm mit dem von hinten geknoteten Ankerknoten an dem Trägerfaden.

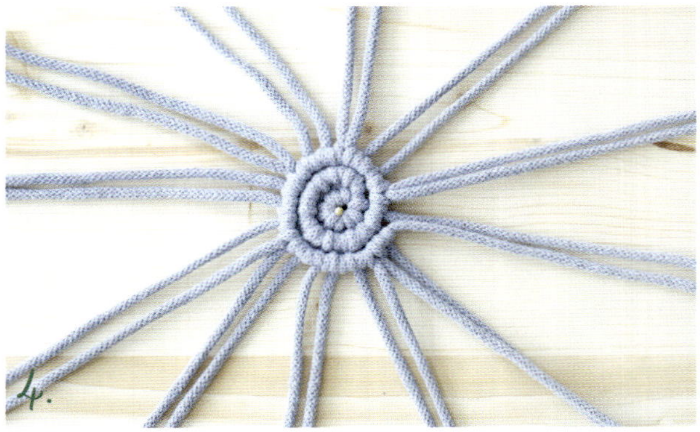

Nun werden weitere vier Rippenknoten geknüpft. Füge im Anschluss erneut einen Faden mit je 230cm Länge hinzu. Die 1. Runde ist fertig.
Knüpfe zwei weitere Runden Rippenknoten. In der 2. Runde werden zwei Fäden mit je 210 cm und in der dritten Runde drei Fäden mit je 210 cm Länge angefügt.

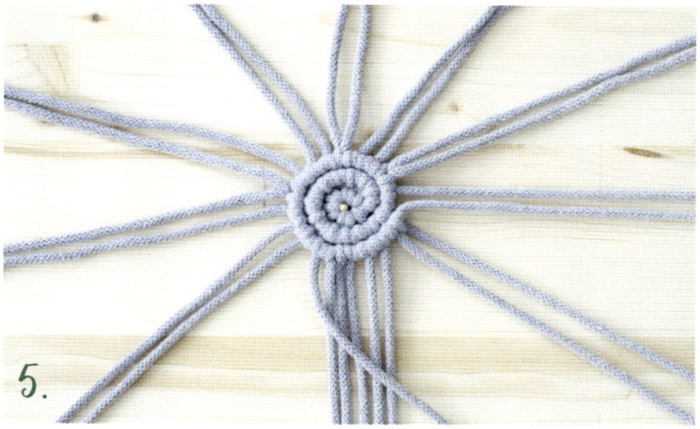

Trenne dir 6 Stränge ab. Die äußeren beiden Stränge dienen nun als Trägerfäden. Halte einen Trägerfaden in Richtung Mitte und knüpfe mit den restlichen zwei Strängen eine Runde Rippenknoten.

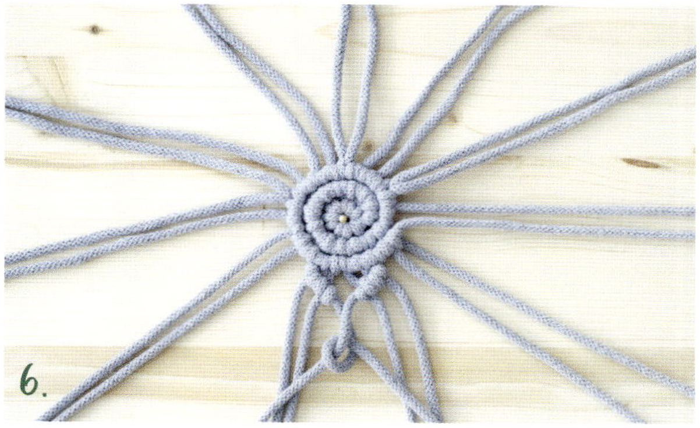

Wiederhole den Schritt 5 auf der gegenüberlegenden Seite. Um die Spitze zu schließen, knüpfe den Trägerfaden aus Schritt 5 als zusätzlichen Arbeitsfaden fest. Wiederhole Schritt 5–6 weitere drei Mal, sodass du vier geknüpfte Spitzen erhältst.

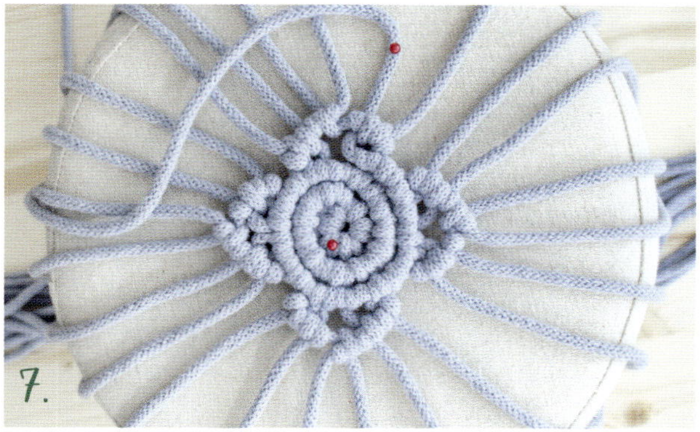

Platziere dein Makramee mittig auf dem Hocker und stecke es mit Stecknadeln fest. Suche dir den längsten Strang heraus und stecke auch diesen mit einem Abstand von 2 cm zu einer der geknüpften Spitzen auf dem Hocker fest. Dieser ist dein Trägerfaden.

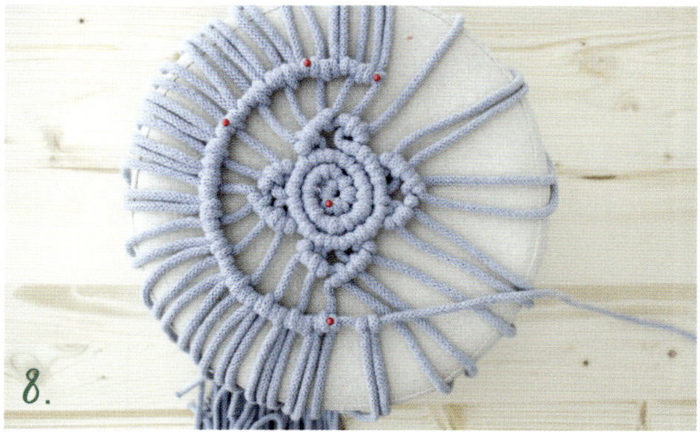

Nun knüpfst du einen Rippenknoten und fügst anschließend einen Faden mit der Länge von 120 cm zu. Dieser wird mit dem von hinten geknoteten Ankerknoten am Trägerfaden befestigt. Wiederhole diesen Schritt so lange, bis du wieder am Anfang ankommst. Alle 22 Fäden mit je 120 cm Länge sind nun verknüpft.

So geht's weiter

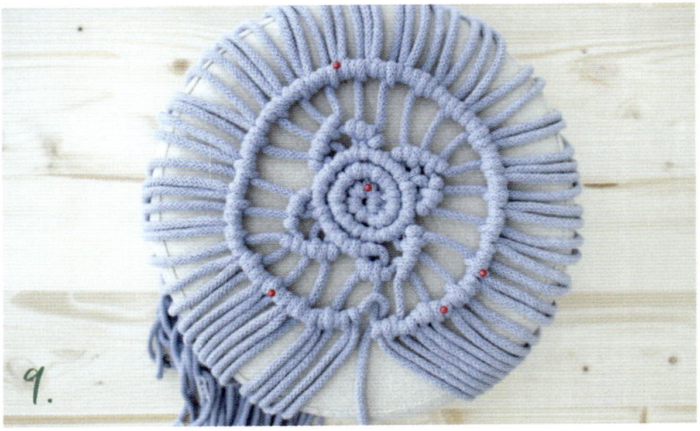

Der Trägerfaden wird nun von oben über den Strang des ersten Rippenknoten nach unten hindurchgeführt.

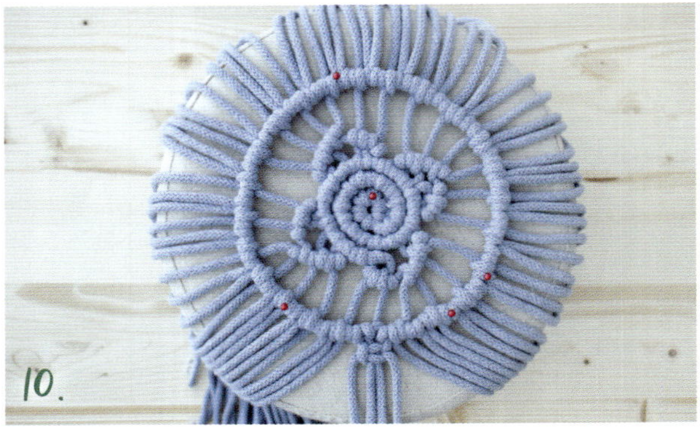

Unterhalb nimmst du dir immer vier Stränge zur Hand und knüpfst rundum eine Runde Kreuzknoten (siehe Seite 14).

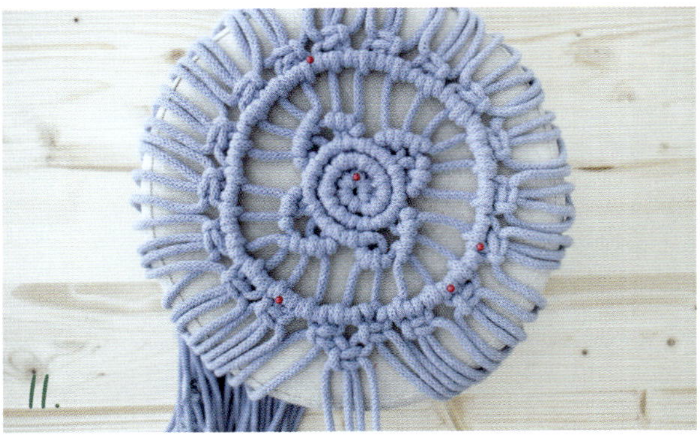

Die zweite Runde Kreuzknoten wird anschließend versetzt zur ersten Runde geknotet. Insgesamt werden fünf Runden versetzte Kreuzknoten geknüpft.

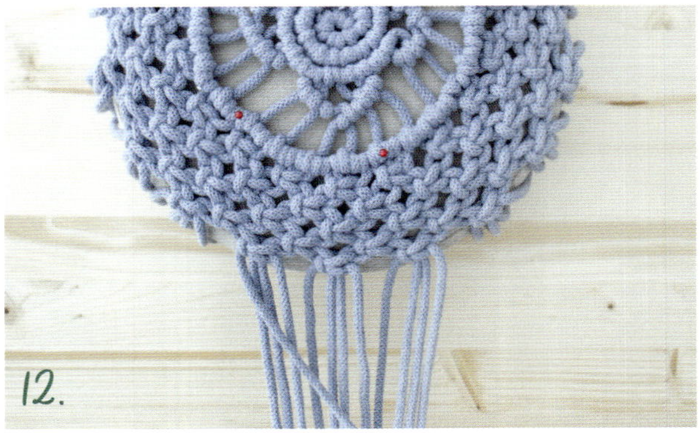

Jetzt werden 12 Stränge von drei Kreuzknoten zusammengenommen. Die äußeren zwei Fäden fungieren als Trägerfäden. Knüpfe nun schräg in die Mitte eine Runde Rippenknoten.

TIPP

Fixiere dir alle 5 cm die Knoten mit einer Stecknadel.

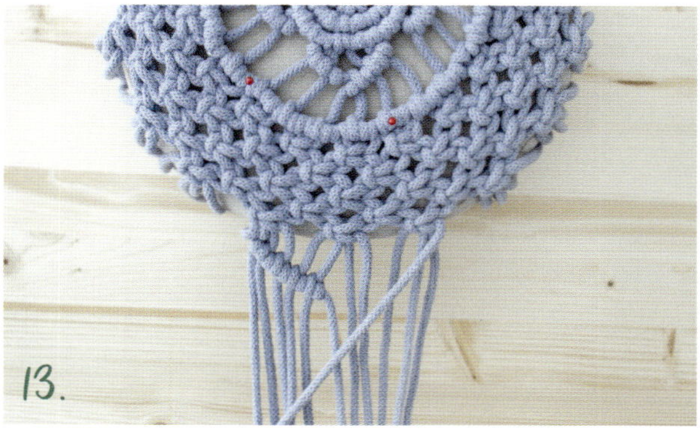

Wiederhole Schritt 12 auf der gegenüberlegenden Seite. Um die Spitze zu schließen, knüpfe den Trägerfaden aus Schritt 12 als zusätzlichen Arbeitsfaden fest. Es werden ringsum sechs Dreiecke geknüpft.

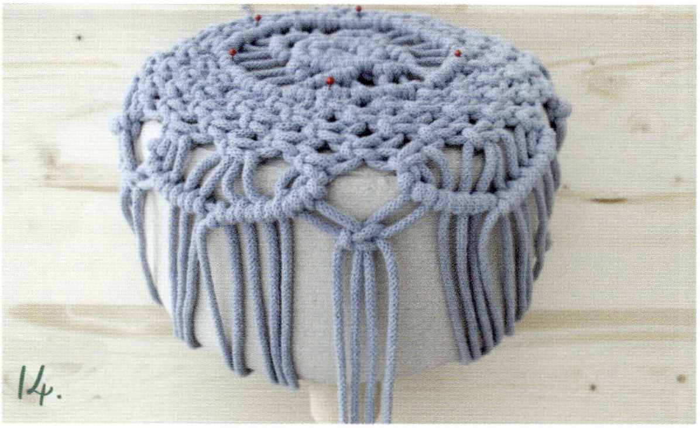

Verbinde die entstandenen Dreiecke miteinander, indem du die beiden oberen Stränge zweier Dreiecke verwendest, um einen Kreuzknoten zu knüpfen.

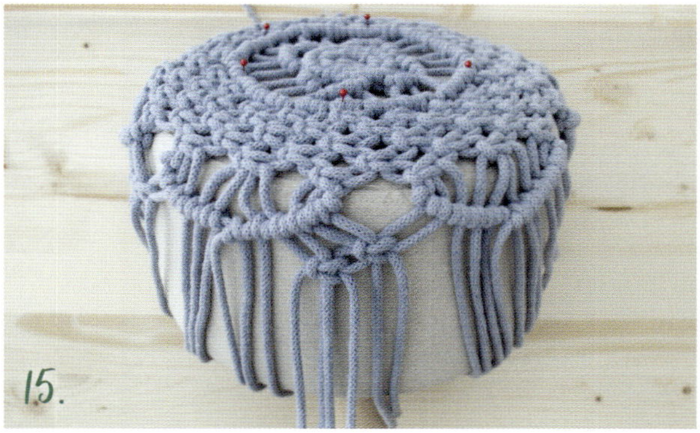

Es folgen versetzte Kreuzknoten. Verwende dafür die zwei innenliegenden Stränge des vorherigen Knotens und nimm zwei neue hinzu. Wiederhole diesen Schritt dreimal.

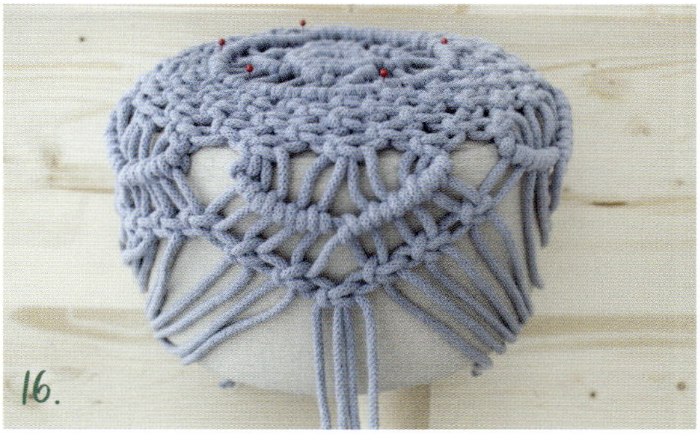

Verbinde erneut zwei Dreiecke miteinander und knüpfe anschließend wieder drei versetzte Kreuzknoten. Um das Dreieck zu schließen, werden die mittleren vier Stränge miteinander verknüpft. Führe Schritt 14–16 einmal ringsherum fort. Schneide anschließend die Enden im Zickzackmuster zu.

Zwei fürs Bad, einen fürs Arbeitszimmer, drei fürs Kinderzimmer ... Diese Utensilos sind schnell geknüpft und dämmen das Chaos an jeder ihrer Einsatzstellen zuverlässig ein.

Utensilo

MATERIAL

Bobbiny Baumwollgarn (gedreht, Ø 5 mm) in Misty
Textilkleber
Schere

VERWENDETE KNOTEN:

von hinten geknoteter Ankerknoten
Rippenknoten
Kreuzknoten

ZUSCHNITT FÄDEN:

1x 280 cm
5x 150 cm
4x 140 cm
4x 120 cm
11x 100 cm

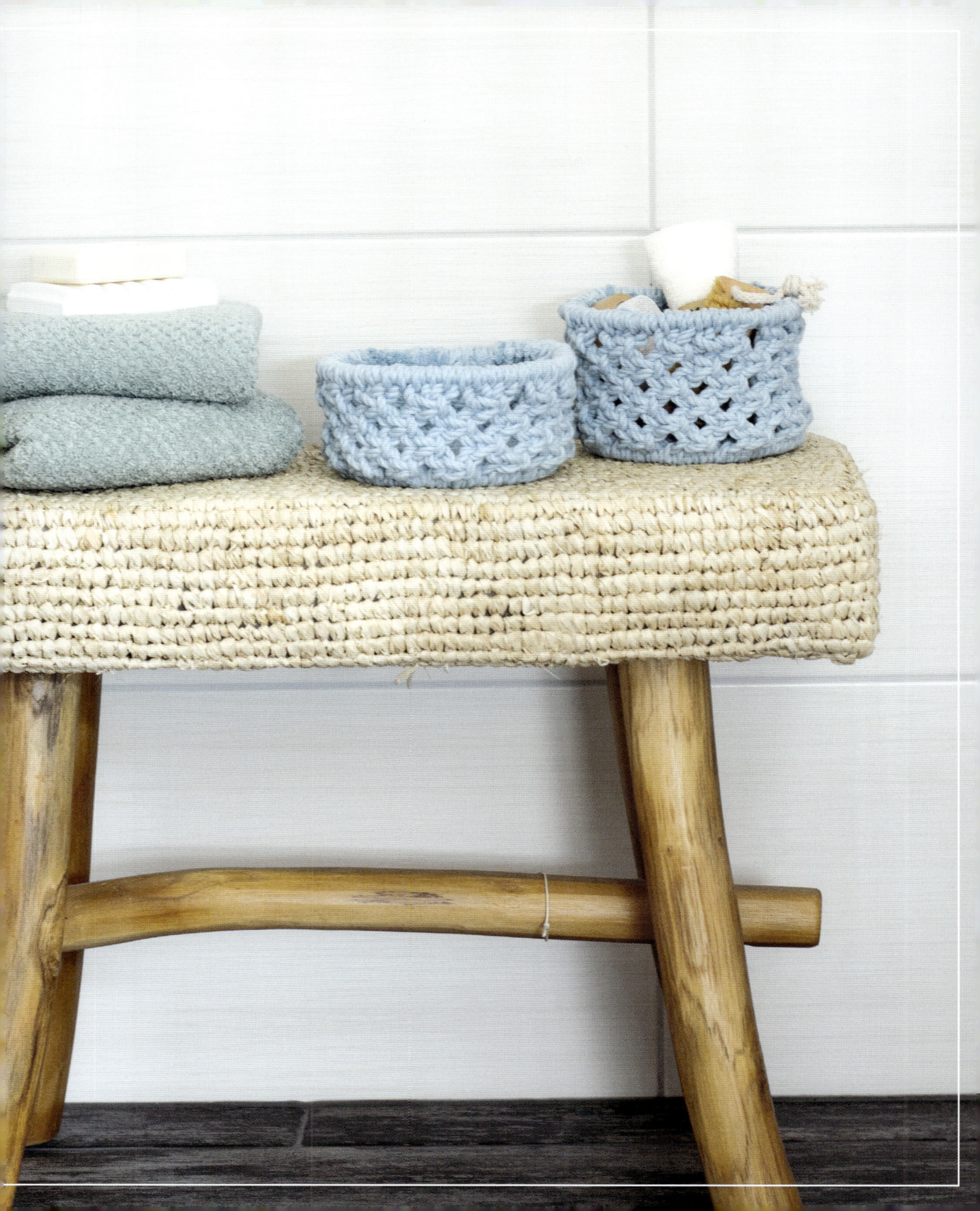

So wird's gemacht

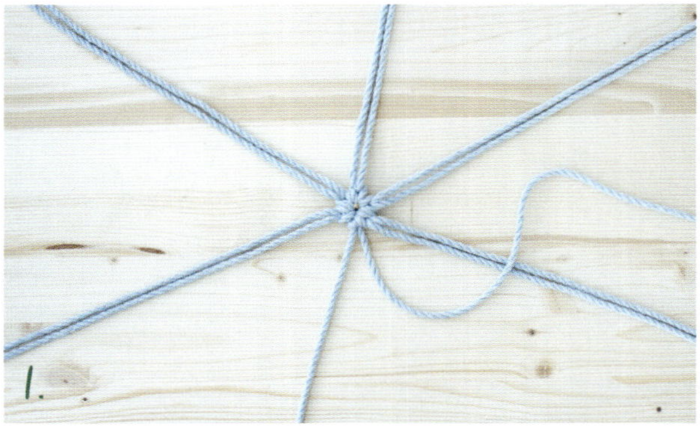

Nimm den 280 cm langen Faden zur Hand und miss dir von einer Seite aus 75 cm cm ab. Lege den Faden an dieser Stelle zu einer Schlaufe zusammen. Dieser Faden ist dein Trägerfaden. Befestige zuerst die fünf Fäden mit je 150 cm Länge mit dem von hinten geknoteten Ankerknoten (siehe Seite 12) am Trägerfaden. Gehe vor, wie beschrieben, in Start 1 (siehe Seite 22).

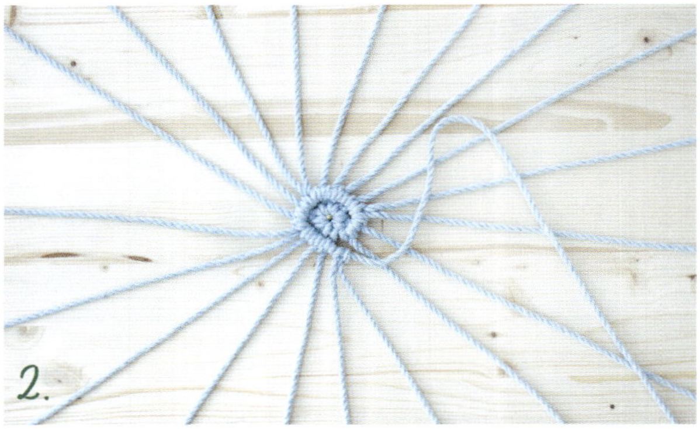

Knüpfe entgegen dem Uhrzeigersinn und füge nach Rippenknoten 2, 6 und 8 (siehe Seite 18) einen Faden mit je 140 cm Länge hinzu. Diese Fäden werden mit dem von hinten geknoteten Ankerknoten am Trägerfaden befestigt. Insgesamt werden in dieser Runde drei neue Fäden hinzugefügt.

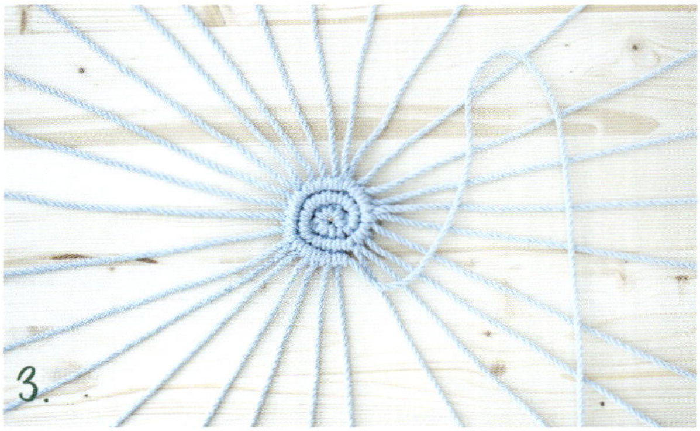

In der 2. Runde wird vor der ersten Rippe der letzte 140 cm lange Faden an den Trägerfaden geknüpft. Anschließend fügst du Fäden mit je 120 cm Länge nach Rippenknoten 2, 5, 8 und 12 hinzu. Insgesamt werden fünf neue Fäden eingearbeitet.

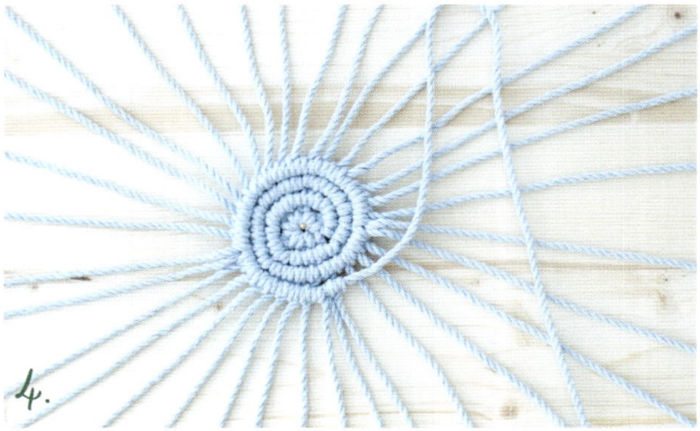

Für die 3. Runde benötigst du drei Fäden mit je 100 cm Länge. Diese werden nach Rippenknoten 3, 19 und 26 eingearbeitet.
In der 4. Runde folgt nach Rippenknoten 2, 8, 12, 14, 21, 27, 33 je ein neuer Faden mit je 100 cm Länge. Insgesamt werden in dieser Runde sieben neue Fäden eingearbeitet.

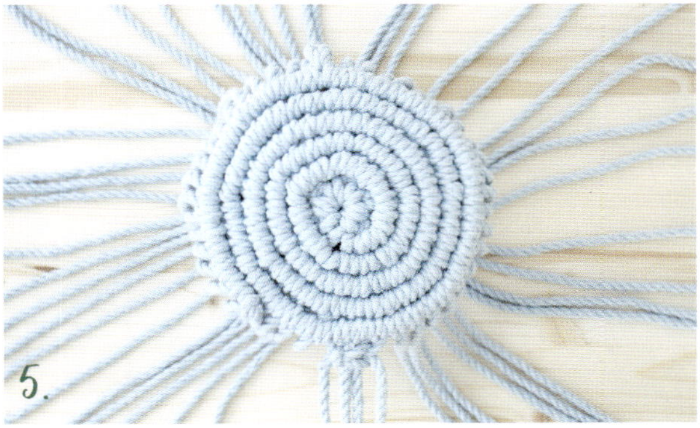

Für die 5. und letzte Runde fügst du einen weiteren Faden mit 100 cm Länge hinzu. Dieser wird vor Rippenknoten 28 befestigt.
Lege deine geknüpfte Schnecke auf einen Blumentopf, der ungefähr denselben Durchmesser hat. So kannst du besser rundherum knüpfen.

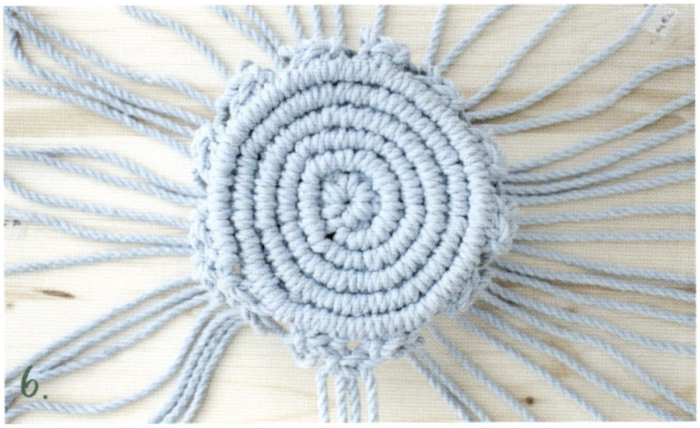

Beginne an einer beliebigen Stelle und knüpfe rundherum 12 Kreuzknoten (siehe Seite 14).

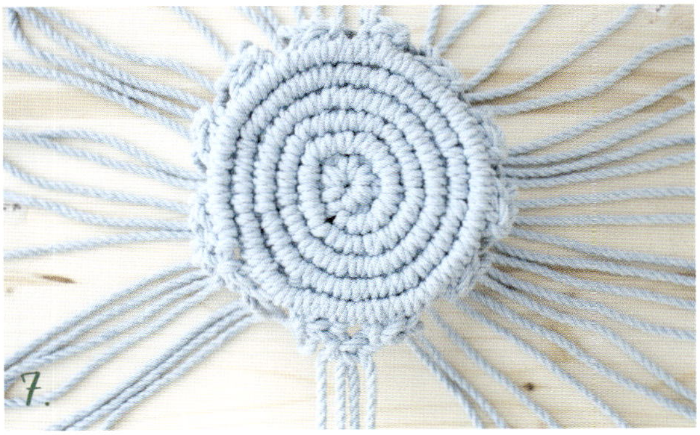

Die zweite Runde Kreuzknoten wird versetzt zur ersten Runde geknüpft. Insgesamt werden nun sechs Runden versetzte Kreuzknoten (siehe Seite 16) geknüpft.

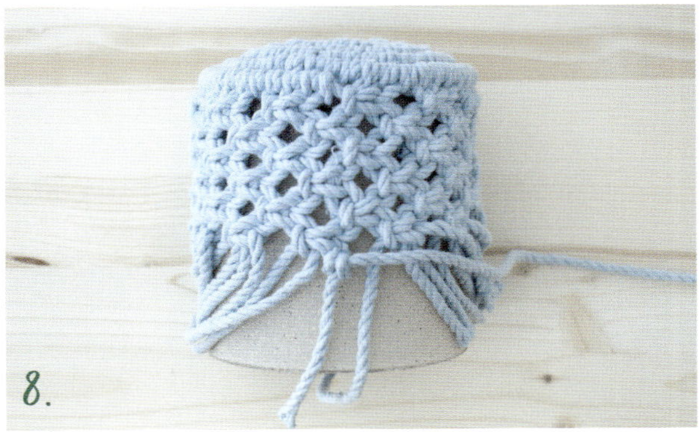

Um dem Utensilo Stabilität zu geben, wird zum Abschluss eine Runde Rippenknoten gesetzt. Behalte so lange dein Projekt über dem Blumentopf. Nachdem du einmal rundherum fertig geknüpft hast, wird ein neuer Rippenknoten mit dem ersten Strang der neuen Runde verknotet. Danach kannst du alle Stränge bündig abschneiden. Verteile auf den Enden mit einem Pinsel ein bisschen Stoffkleber und streiche die Fransen nach unten. Lass den Stoffkleber anschließend gut trocken.

Diese symmetrische Wanddeko verleiht dem Raum, in dem sie hängt, eine gewisse Ruhe und Besinnlichkeit – und ganz so kann sie auch beim Knüpfen schon auf dich wirken.

Wanddeko

MATERIAL

Bobbiny Baumwollgarn (gedreht, Ø 3 mm) in Nude
2 Metallringe, Ø 20 cm und Ø 30 cm
Schere

VERWENDETE KNOTEN:

von vorne geknoteter Ankerknoten
Beerenknoten
Kreuzknoten
Rippenknoten

ZUSCHNITT FÄDEN:

18x 260 cm
37x 95 cm

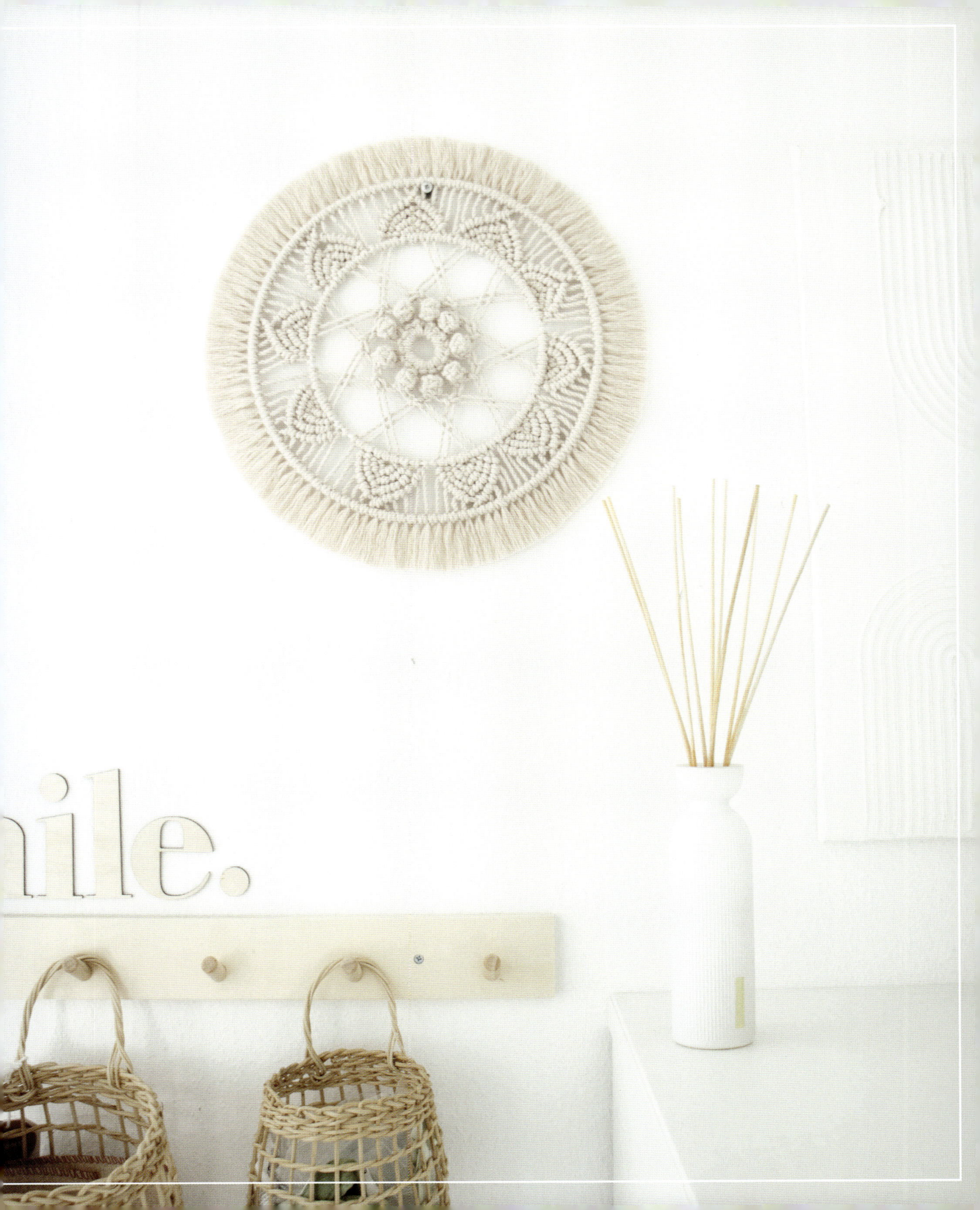
nile.

So wird's gemacht

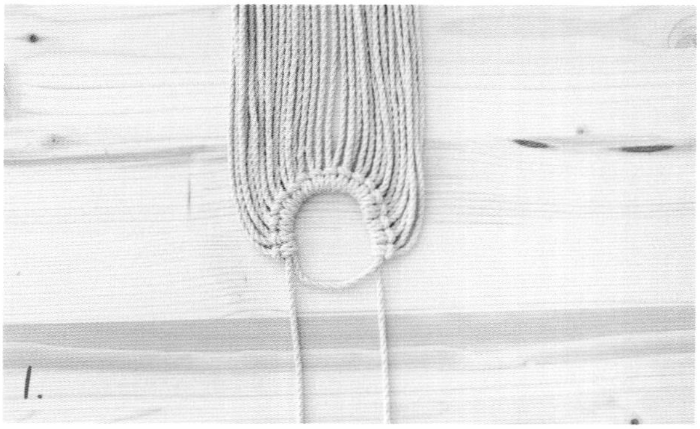

Einer der 260 cm langen Fäden wird, wie in Start 2 beschrieben (siehe Seite 24), zur Schlaufe zusammengelegt. Daran werden die restlichen 17 Fäden mit je 260 cm Länge einmal mittig zusammengelegt und mit dem von vorn geknoteten Ankerknoten (siehe Seite 12) in der Schlaufe befestigt.

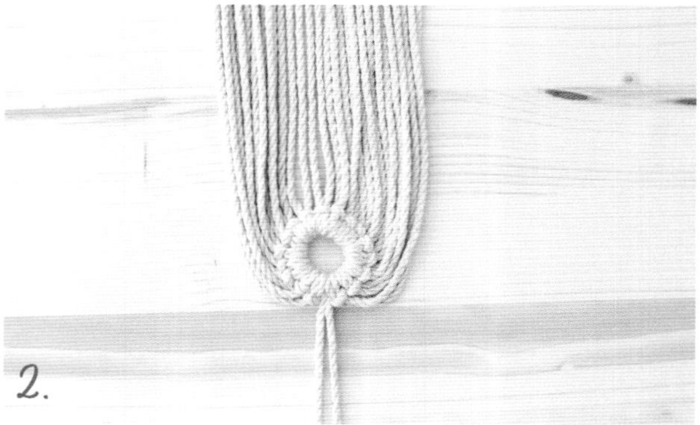

Ziehe kräftig an den beiden Strängen des Fadens mit der Schlaufe, sodass sich ein fester Kreis bildet.

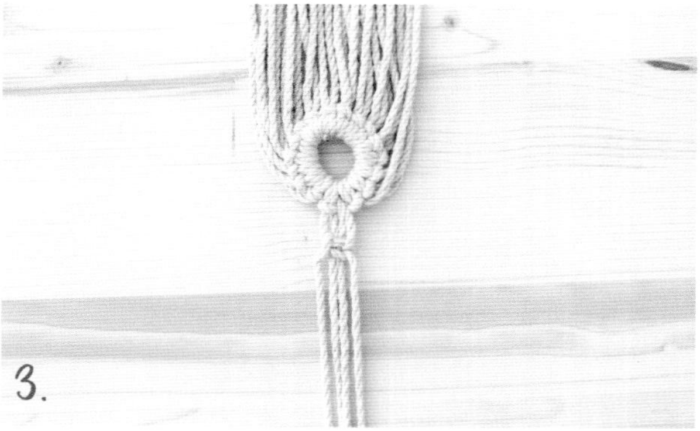

Nimm dir zu den zwei Strängen von links und rechts je einen Strang dazu und knüpfe 1 cm unterhalb des Ankerknotens einen Kreuzknoten (siehe Seite 14).

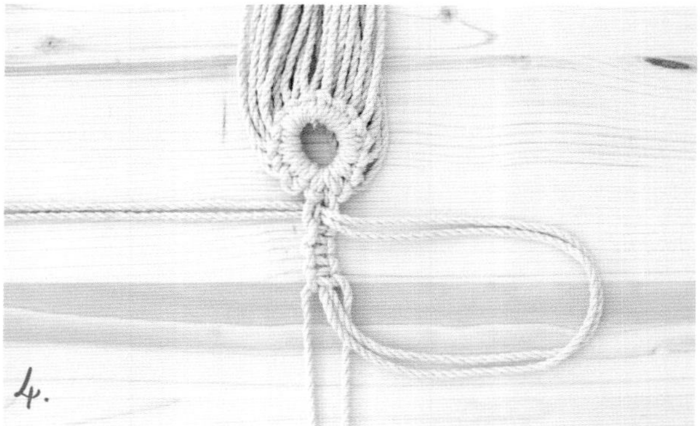

Fortlaufend folgen zwei weitere Kreuzknoten. Die zwei mittleren Stränge des Kreuzknotens werden nun über dem ersten Kreuzknoten mittig nach hinten hindurchgeführt.

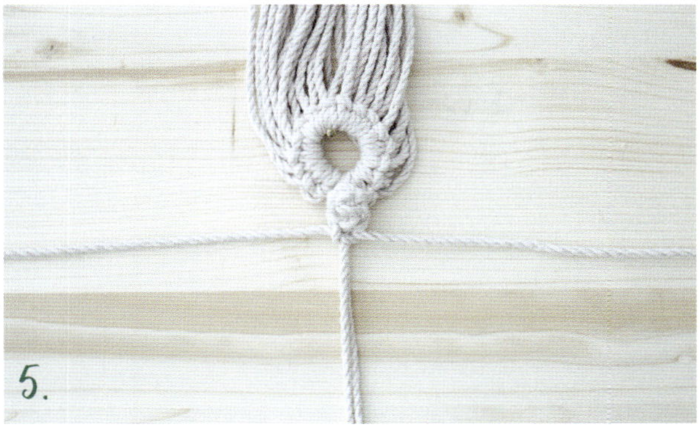

Erneut wird ein Kreuzknoten geknüpft, um den Beerenknoten (siehe Seite 17) zu fixieren. Insgesamt werden rundum neun Beerenknoten geknüpft.

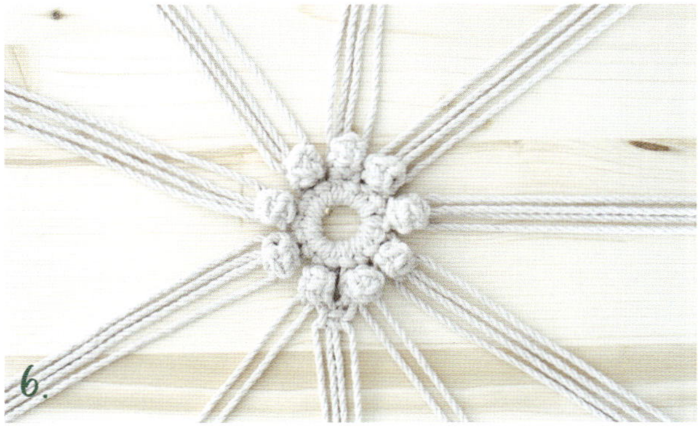

Jetzt werden je zwei nebeneinanderliegende Stränge zweier Beerenknoten mit einem Kreuzknoten verbunden.

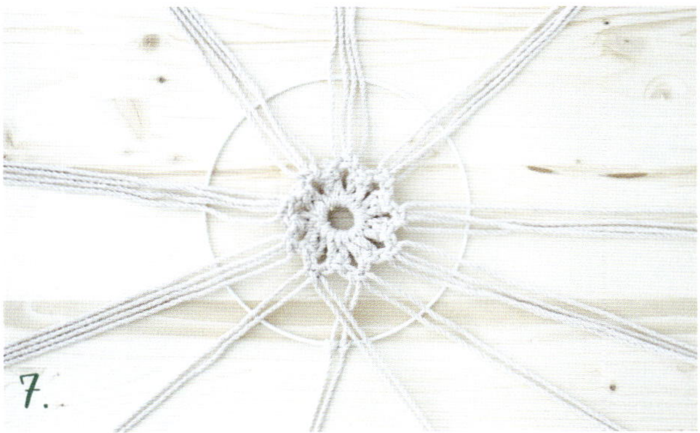

Platziere den ersten Metallring (Ø 20 cm) auf deiner Arbeitsfläche und lege dein Makramee mit dem Muster nach unten mittig auf den Ring. Nun werden immer zwei Stränge über Kreuz am Metallring mit Rippenknoten (siehe Seite 18) befestigt. Knüpfe dazu erst die zwei linken Stränge am Metallring fest. Lege im Anschluss die zwei rechten Stränge des linken Beerenknotens darüber und knote auch diese mit Rippenknoten fest.

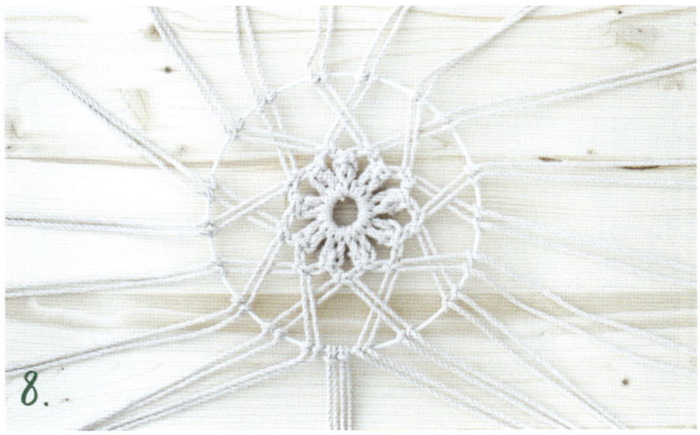

Knüpfe alle 37 Fäden mit je 95 cm Länge mit dem von vorne geknoteten Ankerknoten am Metallring fest. Zwischen jedem der bereits am Metallring befestigten Stränge werden zwei zur Schlaufe gelegte Fäden befestigt. Im letzten Zwischenraum werden drei neue Fäden befestigt. Achtung: Dein Makramee liegt weiterhin mit dem Muster nach unten auf deiner Arbeitsfläche.

So geht's weiter

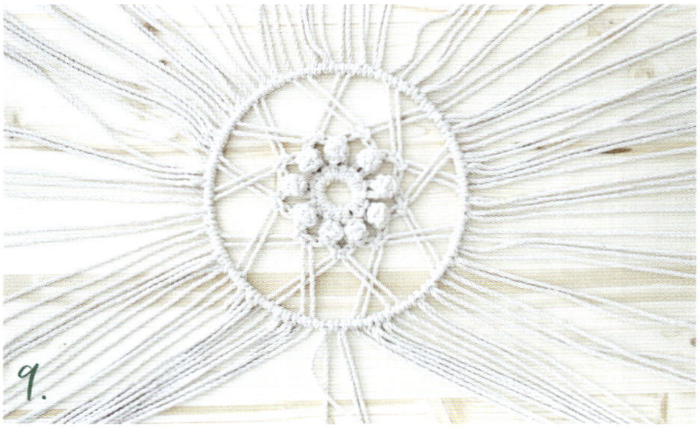

Drehe dein Makramee wieder mit dem Muster nach oben auf deine Arbeitsfläche und nimm insgesamt vier Stränge (zwei Fäden), die du in Schritt 8 an den Ring geknotet hast, und knüpfe von links mit dem äußersten Strang einen Rippenknoten.

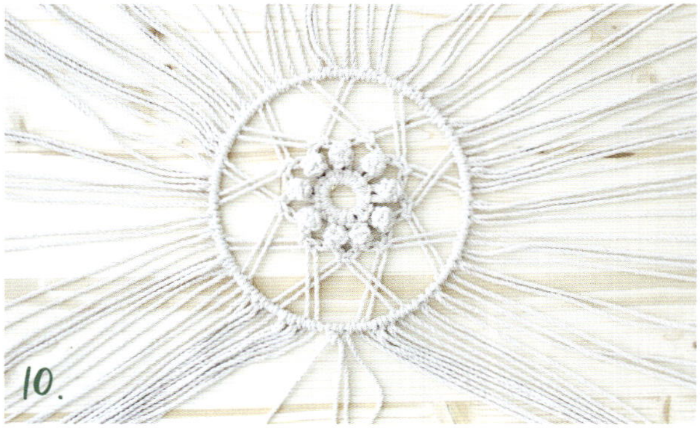

Von links folgt nun ein weiterer Rippenknoten. Der außenliegende Faden dient dir nun als Trägerfaden. Um die Reihe Rippenknoten an der Spitze zu verbinden, verwendest du den Trägerfaden der in Schritt 9 geknüpften Reihe als zusätzlichen Arbeitsfaden.

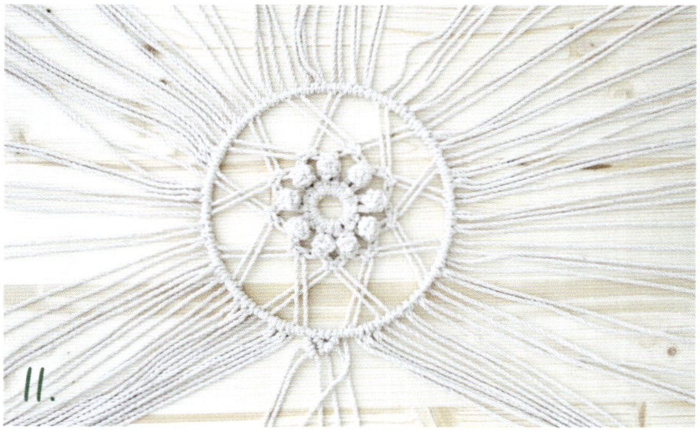

Um eine weitere Reihe Rippenknoten zu knüpfen, nimmst du dir links- und rechtsliegend je einen neuen Strang hinzu. Diese verwendest du nun als Trägerfäden. Beginne erneut von links und knüpfe zwei Rippenknoten. Wiederhole den Vorgang von der rechten Seite und verwende wieder den Trägerfaden von links, um die Reihen miteinander zu verbinden.

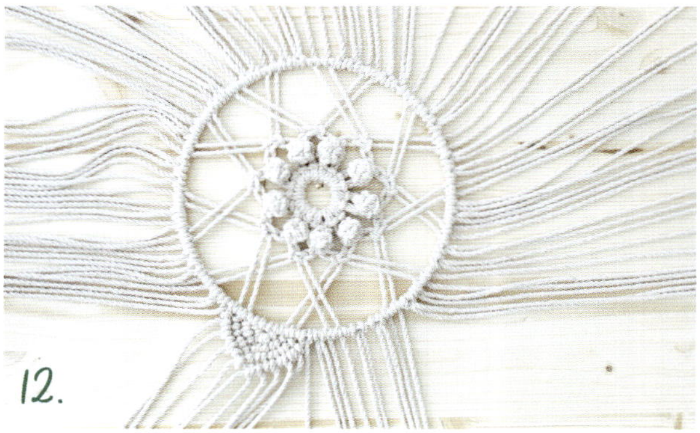

Knüpfe insgesamt vier Reihen Rippenknoten, sodass ein Dreieck entsteht. Insgesamt wird für ein Dreieck mit 10 Strängen gearbeitet. Zwischen den Dreiecken wird immer ein Faden beiseitegelegt. Dieser wird nicht mit verknüpft.
Knüpfe rundum insgesamt 10 Dreiecke.

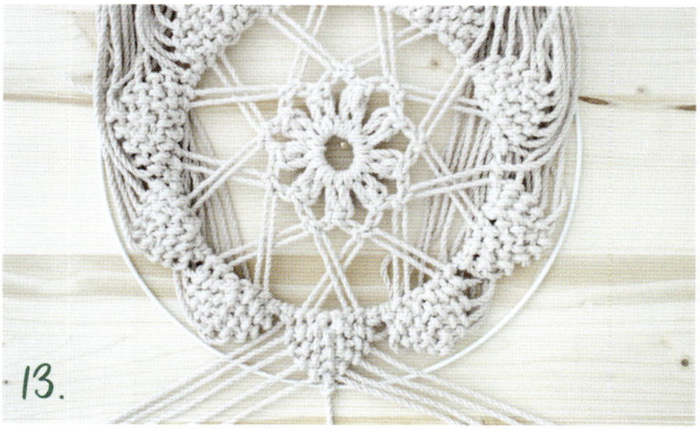

Lege nun den zweiten Metallring (Ø 30 cm) auf deine Arbeitsfläche und platziere dein Makramee erneut mit dem Muster nach unten auf dem Ring. Knote von allen 10 Dreiecken die Fäden der Spitze mit Rippenknoten am Metallring fest. Anschließend knotest du alle anderen Fäden mit dem gleichen Knoten am Ring fest.
Kürze die Stränge auf 4 cm und kämme sie aus.

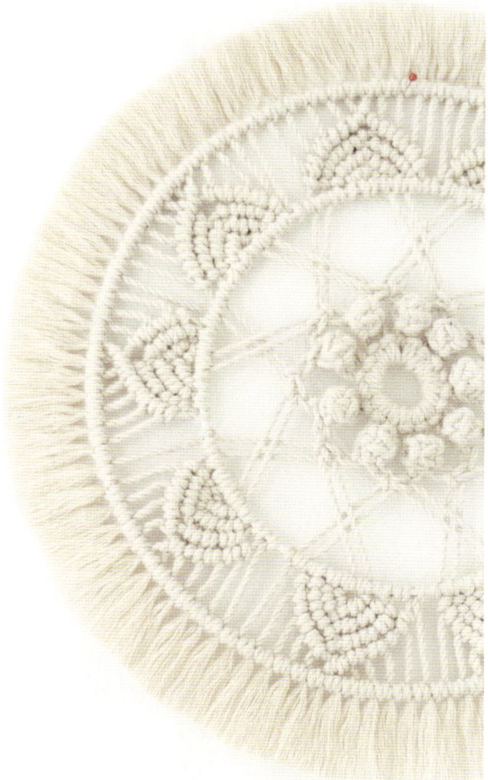

Dieses Deckchen macht sich perfekt in der Mitte eines runden Esstisches – und sieht auch als Wanddeko in einer anderen Farbe toll aus.

Tischdeckchen

MATERIAL

Bobbiny Baumwollgarn (gedreht, Ø 3 mm) in Weiß
Schere
Kamm

VERWENDETE KNOTEN:

von hinten geknoteter Ankerknoten
Rippenknoten
Kreuzknoten

ZUSCHNITT FÄDEN:

1x 520 cm
7x 200 cm
5x 185 cm
4x 175 cm
4x 155 cm
7x 135 cm
22x 90 cm

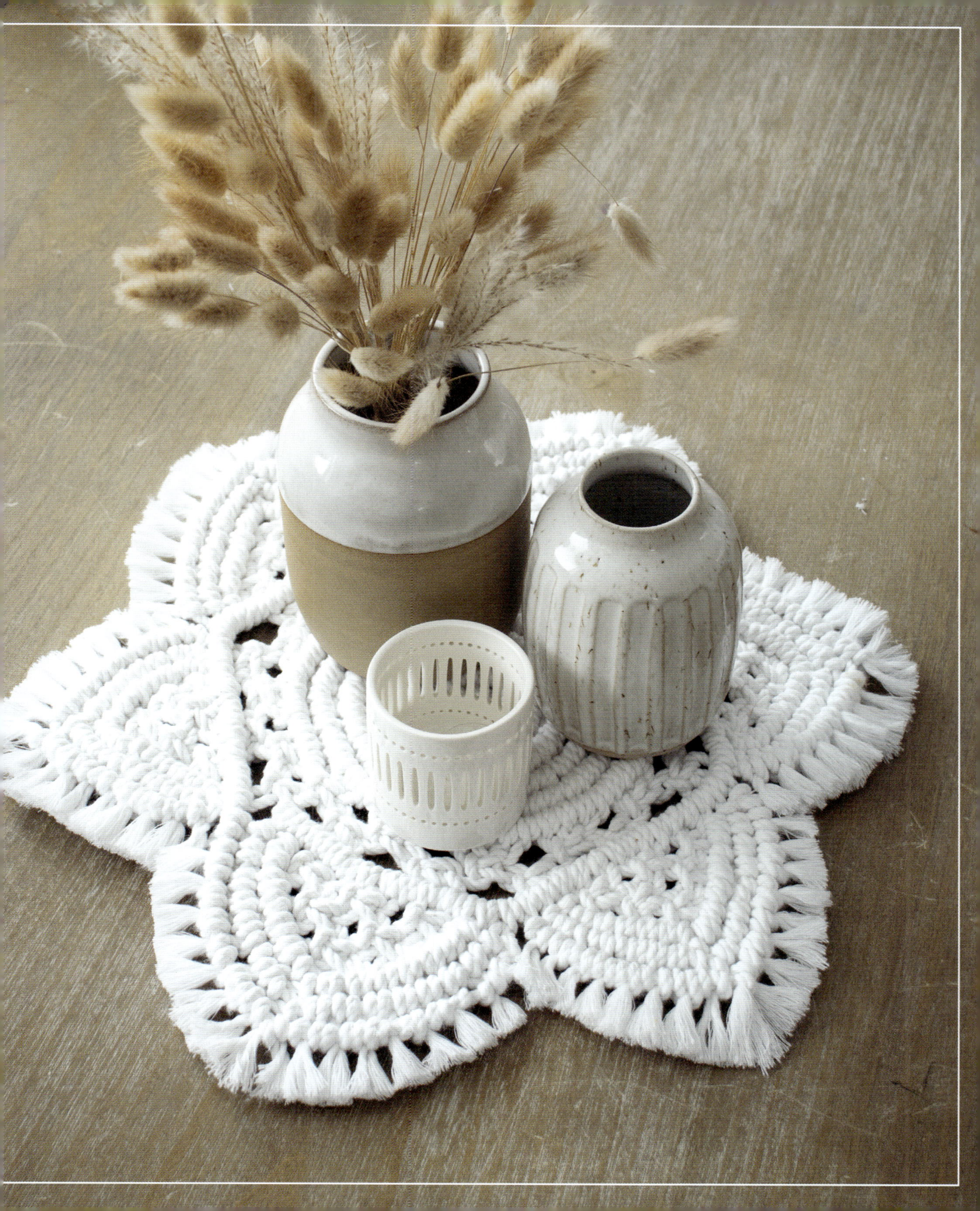

So wird's gemacht

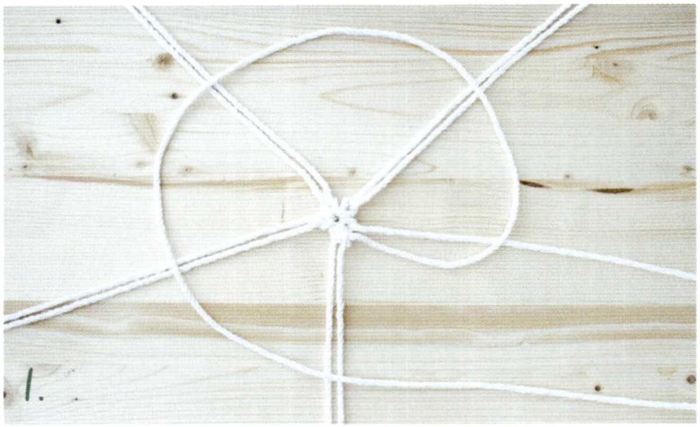

Miss dir von dem 520 cm langen Faden von einem der Enden aus ein 200 cm langes Stück ab und lege den Faden an dieser Stelle zur Schlaufe zusammen. Das längere Stück von diesem Faden ist dein Trägerfaden. Befestige nun vier Fäden mit je 200 cm Länge mit dem von hinten geknoteten Ankerknoten (siehe Seite 12) am Trägerfaden. Gehe in diesem Schritt vor, wie in Start 1 beschrieben (siehe Seite 22).

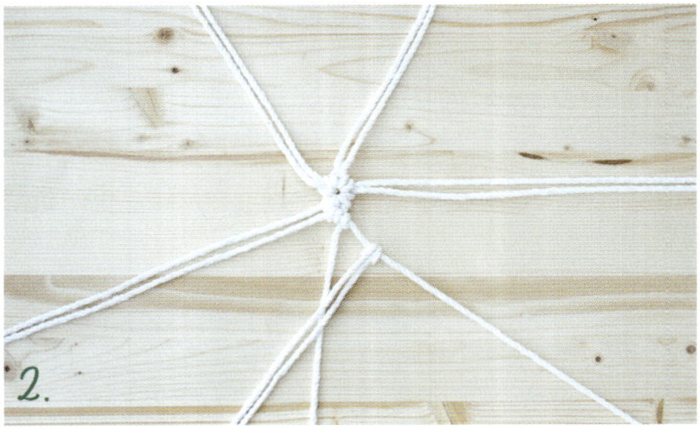

Beginne mit dem Strang, der rechts vom Trägerfaden liegt, und knüpfe eine Runde mit 9 Rippenknoten (siehe Seite 18). Füge nach Rippenknoten 2, 4 und 7 je einen neuen Faden mit je 200 cm Länge hinzu, indem diese mit dem von hinten geknoteten Ankerknoten am Trägerfaden befestigt werden.

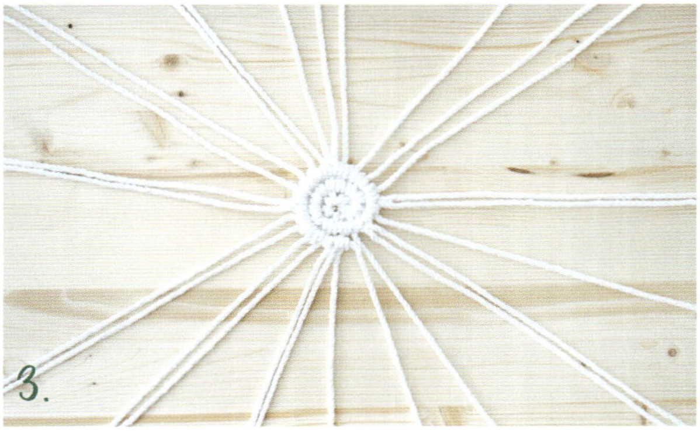

Insgesamt knüpfst du 6 Runden:
In der 2. Runde fügst du nach Rippenknoten 1, 2, 6, 9 und 13 einen neuen Faden mit je 185 cm Länge hinzu. Insgesamt werden in dieser Runde fünf neue Fäden benötigt.

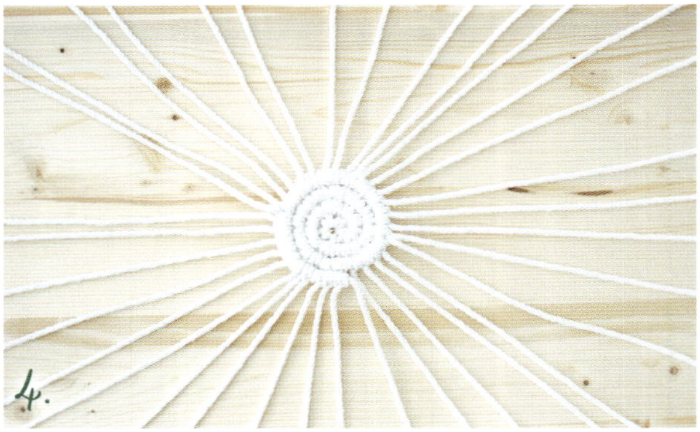

In der 3. Runde fügst du viermal einen Faden mit je 175 cm Länge nach Rippenknoten 1, 9, 16 und 21 hinzu.
In der 4. Runde fügst du erneut viermal einen Faden mit je 155 cm Länge nach Rippenknoten 1, 8, 15, 26 hinzu.
In der 5. Runde werden 3 Fäden mit je 135 cm Länge nach Rippenknoten 7, 15 und 26 eingefügt.
In der letzten Runde fügst du vier Fäden mit je 135 cm Länge nach Rippenknoten 1, 26, 43 und 47 hinzu.

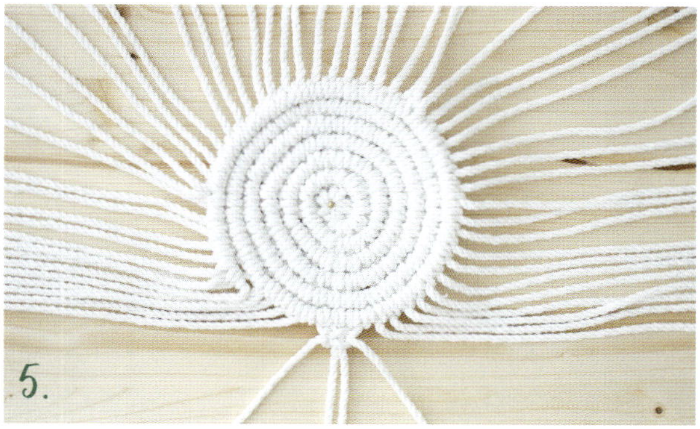

Knüpfe nun rund um die Rippenknoten 15 Kreuzknoten (siehe Seite 14).

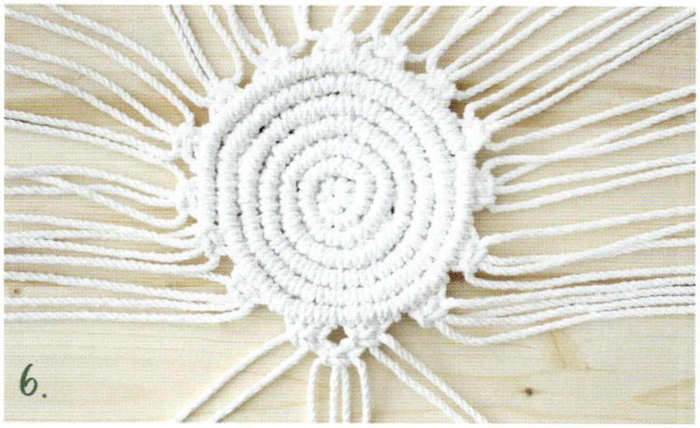

Anschließend wird versetzt zur ersten Runde eine weitere Runde Kreuzknoten geknüpft.

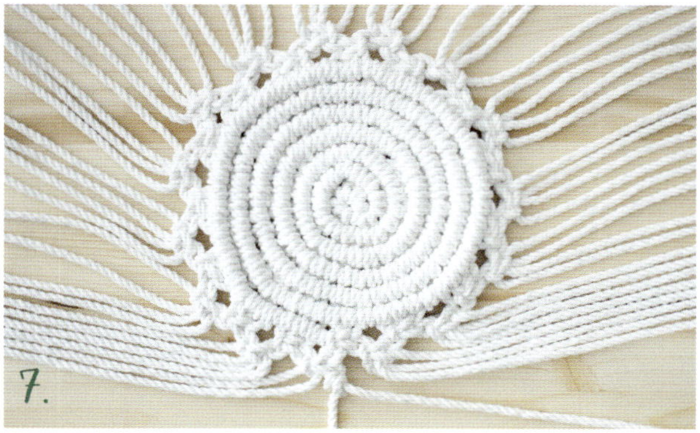

Es folgt eine weitere Runde mit Rippenknoten. Starte an einer beliebigen Stelle mit den zwei rechten Strängen eines Kreuzknotens. Schneide dir 22 Fäden mit je 90 cm Länge zu. Nach den ersten fünf Rippenknoten werden zwei Fäden mit je 90 cm Länge mit dem von hinten geknoteten Ankerknoten eingefügt. Darauffolgend werden die restlichen Fäden immer dann eingefügt, wenn der Abstand zwischen den Knoten zu groß wird.

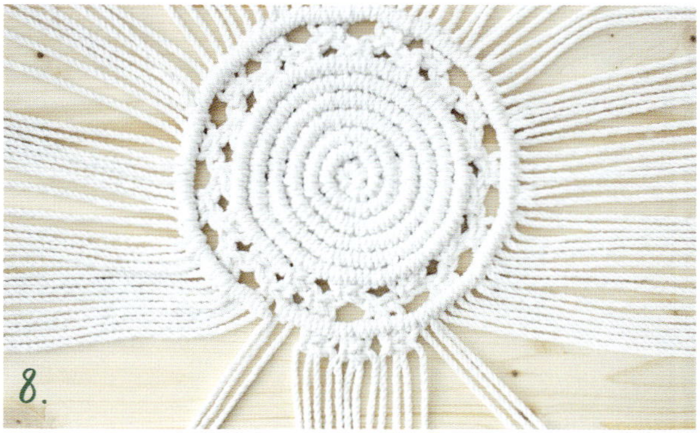

Trenne dir jetzt 18 Stränge ab. Lege links und rechts je drei Stränge zur Seite und knüpfe mit den mittleren Strängen drei Kreuzknoten.

So geht's weiter

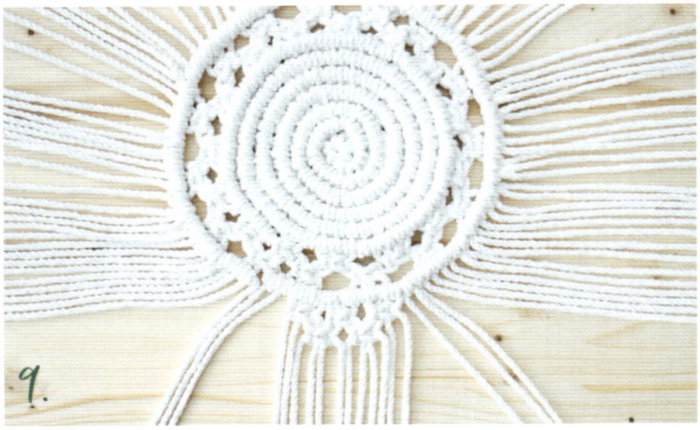

Spitz nach unten zulaufend wird ein Dreieck geknüpft. Dafür von links und rechts je die äußeren beiden Stränge beiseitelegen und versetzt zwei Kreuzknoten knüpfen.

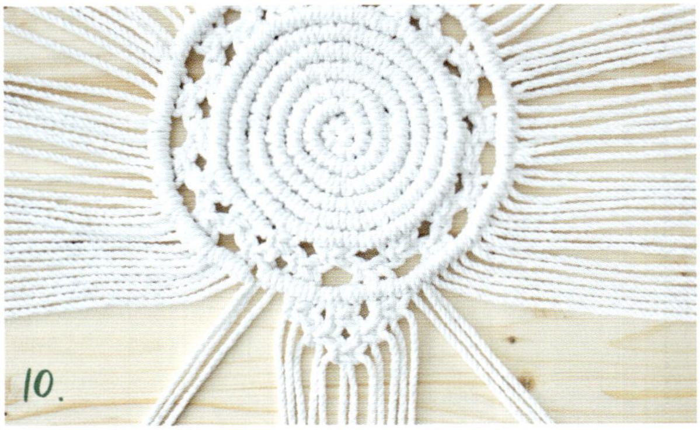

Für den letzten Kreuzknoten wieder die äußeren zwei Stränge links und rechts beiseitelegen und einen Kreuzknoten knüpfen.

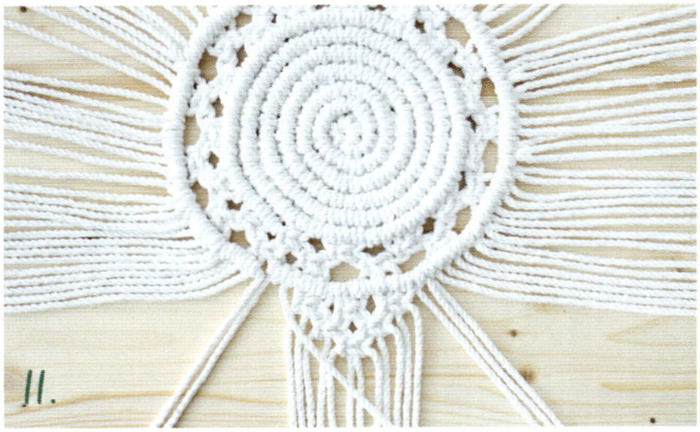

Jetzt wird das Dreieck mit drei Reihen Rippenknoten umrandet. Als Trägerfaden fungieren die beiseitegelegten Stränge. Beginne mit den innenliegenden Strängen. Halte dabei den Trägerfaden in Richtung Spitze des Dreiecks und knote die restlichen Fäden am Trägerfaden fest.

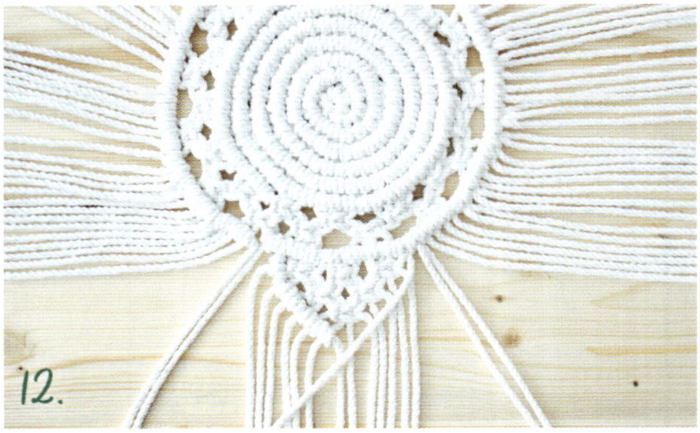

Wiederhole Schritt 11 auf der anderen Seite und schließe die Spitze, indem du den Trägerfaden der linken Seite als zusätzlichen Arbeitsfaden verwendest.

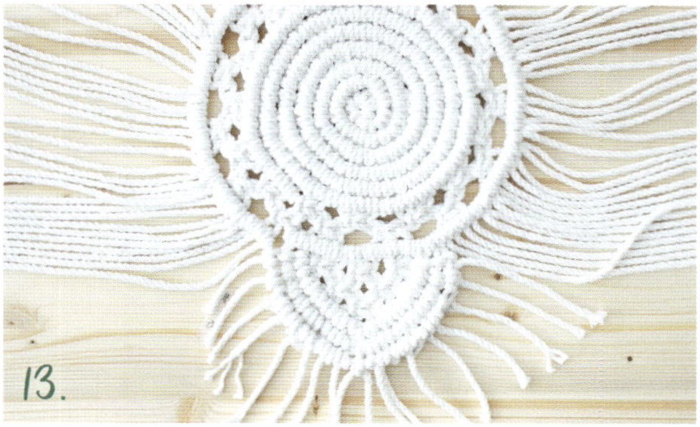

Schritt 11–12 werden weitere zwei Mal wiederholt. Insgesamt knüpfst du das Dreieck sechsmal.

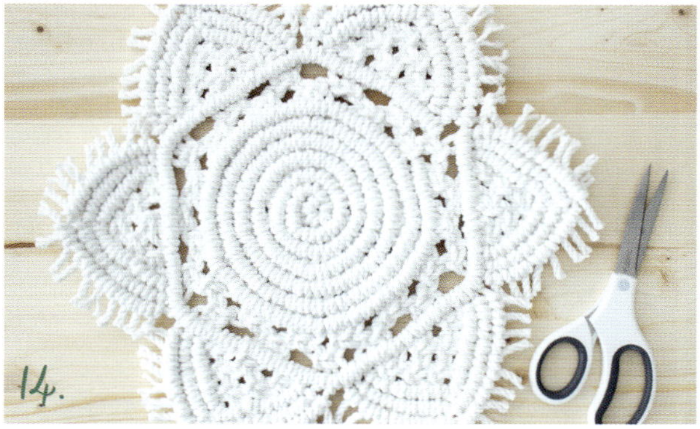

Kürze die Stränge auf 2 cm ein und kämme sie aus.

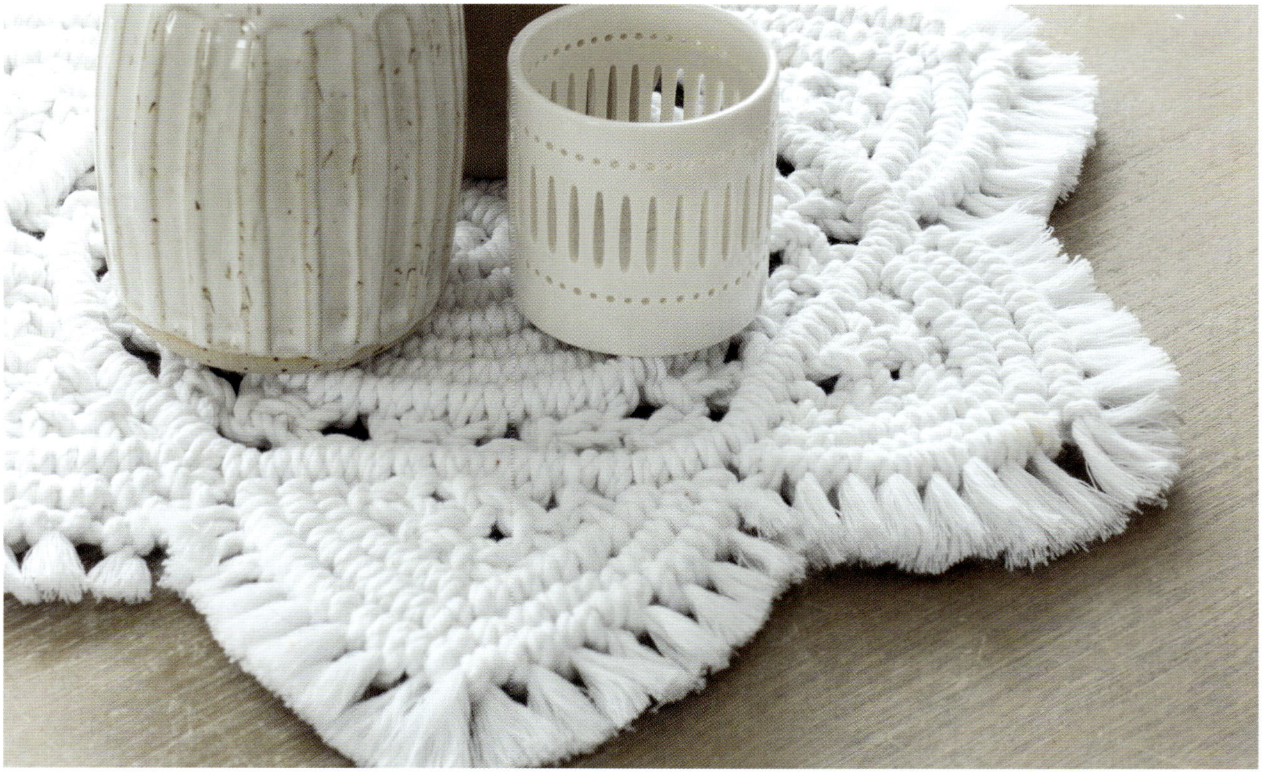

Urlaubs-Time-Capsule – wie wäre es, selbst gesammelte Muscheln, bunte Bänder, die du einwebst, oder eine Spitzenborte, die du auf dem Flohmarkt ergattert hast, in das Windlicht zu integrieren?

Windlicht

MATERIAL

Bobbiny Baumwollgarn (gezwirnt, Ø 5 mm) in Golden Natural
Glas, Ø 9 cm, 11 cm hoch
Textilkleber/Sekundenkleber
Schere

VERWENDETE KNOTEN:

von hinten geknoteter Ankerknoten
Rippenknoten
Rippenknoten vertikal

ZUSCHNITT FÄDEN:

1x 340 cm
4x 180 cm
6x 100 cm
6x 90 cm
zusätzlich ca. 700 cm Garn

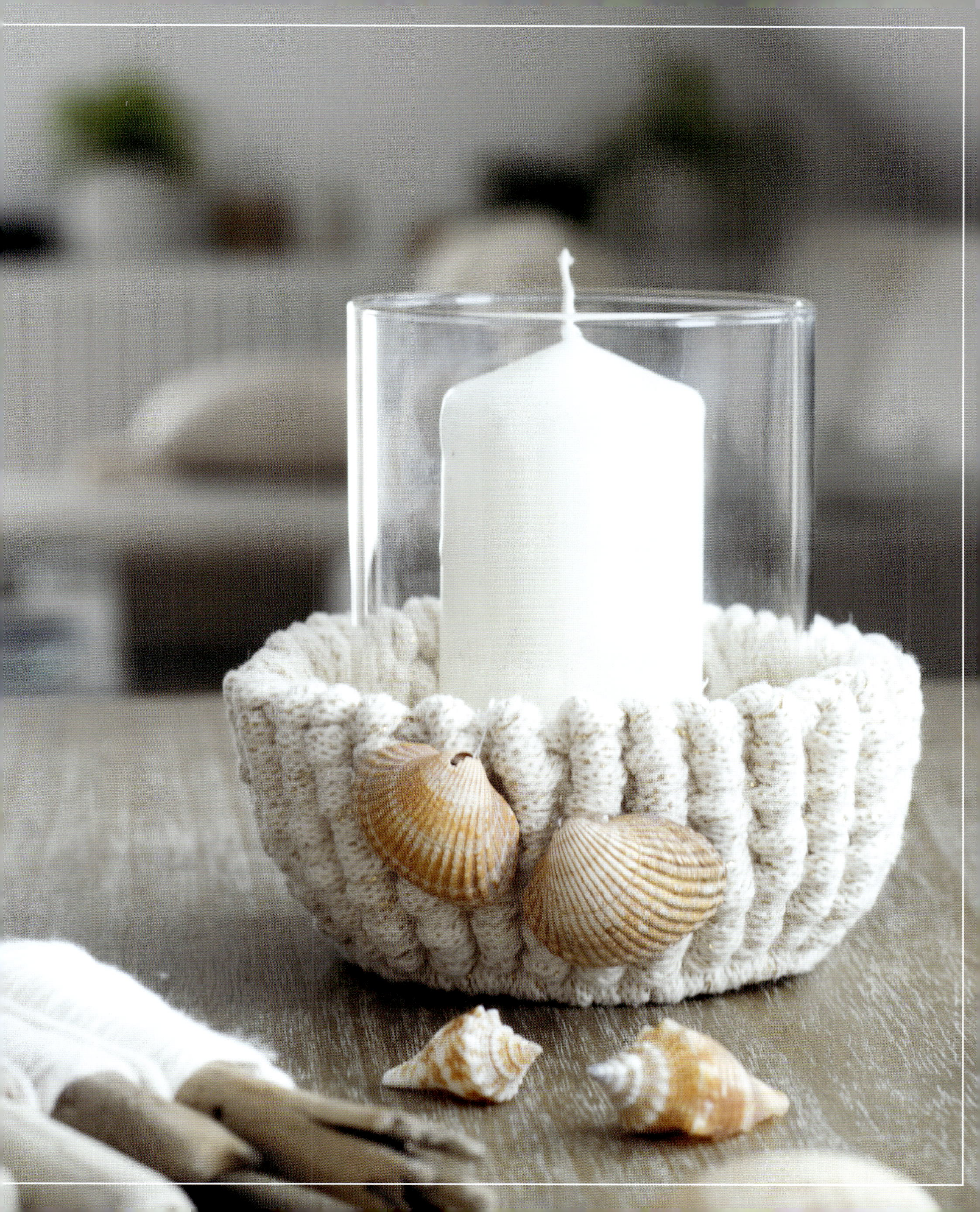

So wird's gemacht

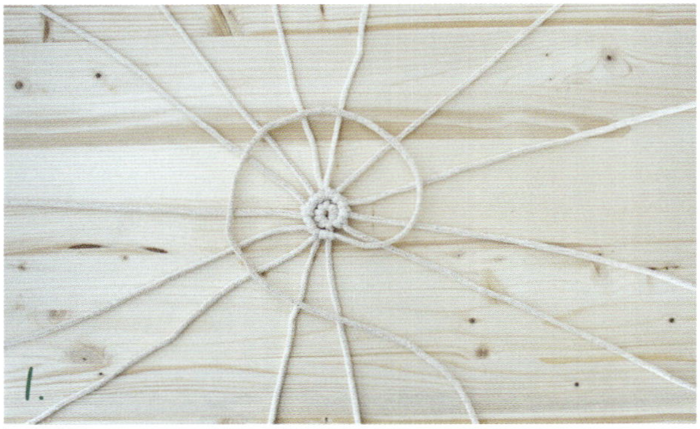

Miss dir von dem 520 cm langen Faden von einem der Enden aus ein 90 cm langes Stück ab und lege den Faden an dieser Stelle zur Schlaufe zusammen. Das längere Stück von diesem Faden ist dein Trägerfaden. Befestige nun die vier Fäden mit je 180 cm Länge mit dem von hinten geknoteten Ankerknoten (siehe Seite 12) am Trägerfaden. Gehe in diesem Schritt vor, wie in Start 1 beschrieben (siehe Seite 22). Knüpfe die erste Runde Rippenknoten (siehe Seite 18). Nach Rippenknoten 4 und 8 wird je eine Schnur mit 100 cm Länge mit dem von hinten geknoteten Ankerknoten am Trägerfaden befestigt.

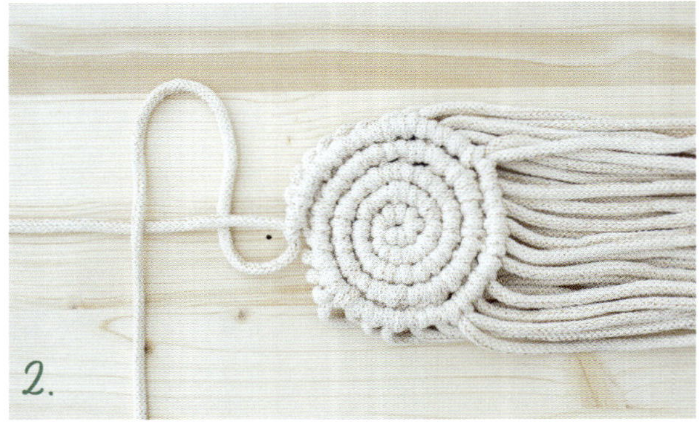

Insgesamt werden vier Runden geknüpft. In jeder Runde werden neue Fäden hinzugenommen und nach folgenden Rippenknoten eingefügt:
2. Runde: Fäden mit je 100 cm Länge nach Rippenknoten 1, 3, 6 und 9.
3. Runde: Fäden mit je 90 cm Länge nach Rippenknoten 9, 14 und 19.
4. Runde: Fäden mit je 90 cm Länge nach Rippenknoten 2, 7 und 14.
Nun fängst du an, schüsselförmig im Uhrzeigersinn zu knüpfen. Der Trägerfaden wird jetzt zum Arbeitsfaden. Lege diesen unter den letzten Strang deiner Schnecke und führe das Ende des Arbeitsfadens über den Strang. Jetzt werden die Rippenknoten vertikal (siehe Seite 19) geknüpft.

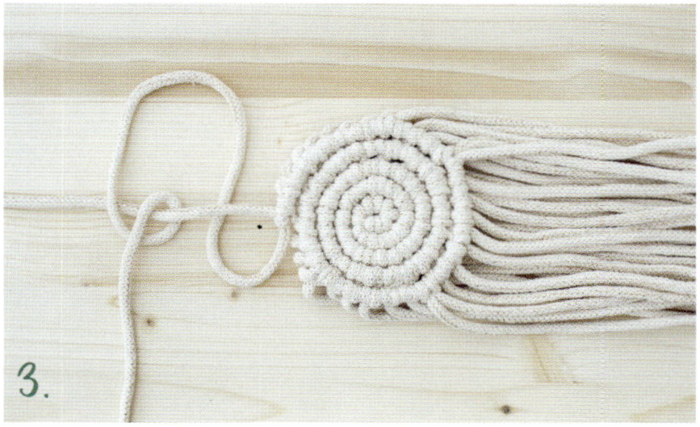

Führe das Ende des Arbeitsfadens unter dem Strang durch die Schlaufe und ziehe den Knoten fest.

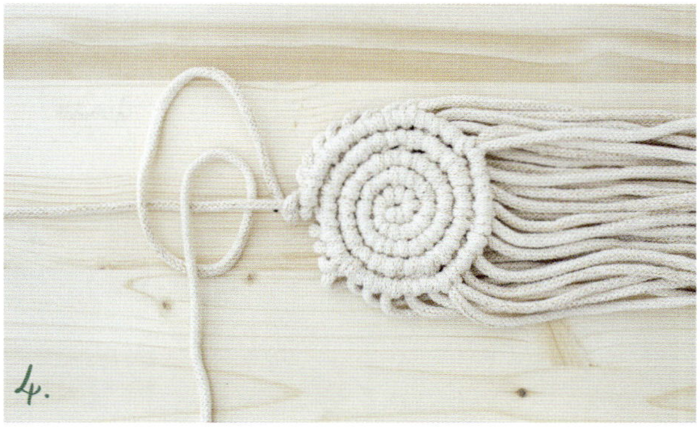

Für einen ganzen Rippenknoten vertikal wiederholst du Schritt 3.

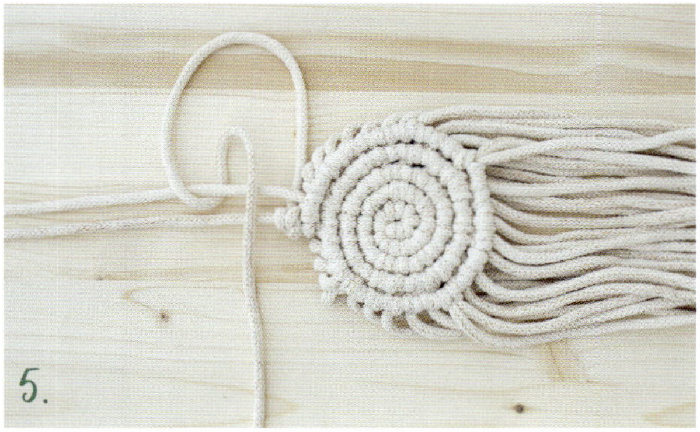

Arbeite dich so Strang für Strang im Uhrzeigersinn vor.

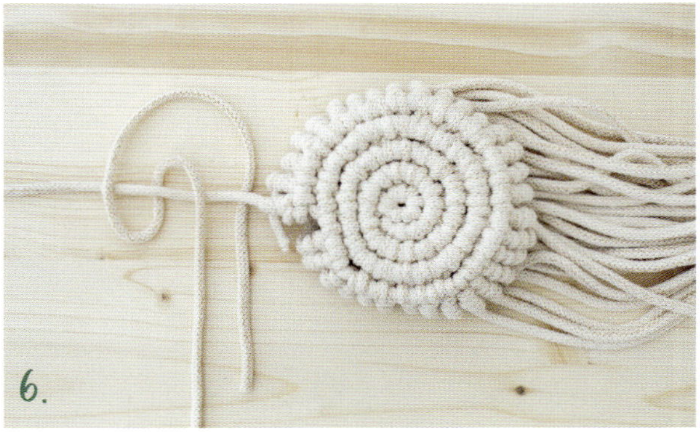

Du wirst merken, dass dein Arbeitsfaden schnell kürzer wird. Um einen neuen Faden hinzuzufügen, legst du ein Ende des neuen Arbeitsfadens unter den Trägerfaden. Lege eine Schlaufe, sodass das andere Ende über dem Trägerfaden liegt, und ziehe dieses Ende wieder unter dem Trägerfaden durch die Schlaufe nach oben. Halte dabei das Ende unter dem Trägerfäden gut fest.

So geht's weiter

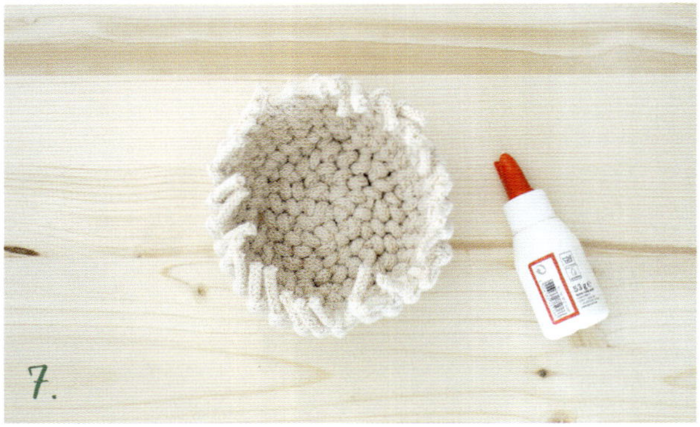

7.

Knote, wie in Schritt 6 beschrieben, einen weiteren Knoten und schiebe den Rippenknoten vertikal dicht an den anderen. Schon kannst du weiterknüpfen. Insgesamt werden sechs Runden vertikale Rippenknoten gearbeitet. Dafür benötigst du zusätzlich ca. 700 cm Garn. Teile dir die Schnüre in knüpffreundliche Längen auf.
Schneide die Enden der Stränge auf 1 cm zurück und klebe diese mit Textilkleber oder Sekundenkleber im Inneren fest. Auch die Enden der verlängerten Fäden kannst du nun bündig abschneiden.

TIPP

Vor dem Ankleben der Deko könnte das Windlicht noch mit Textilfarbe im unteren Teil angesprüht werden.

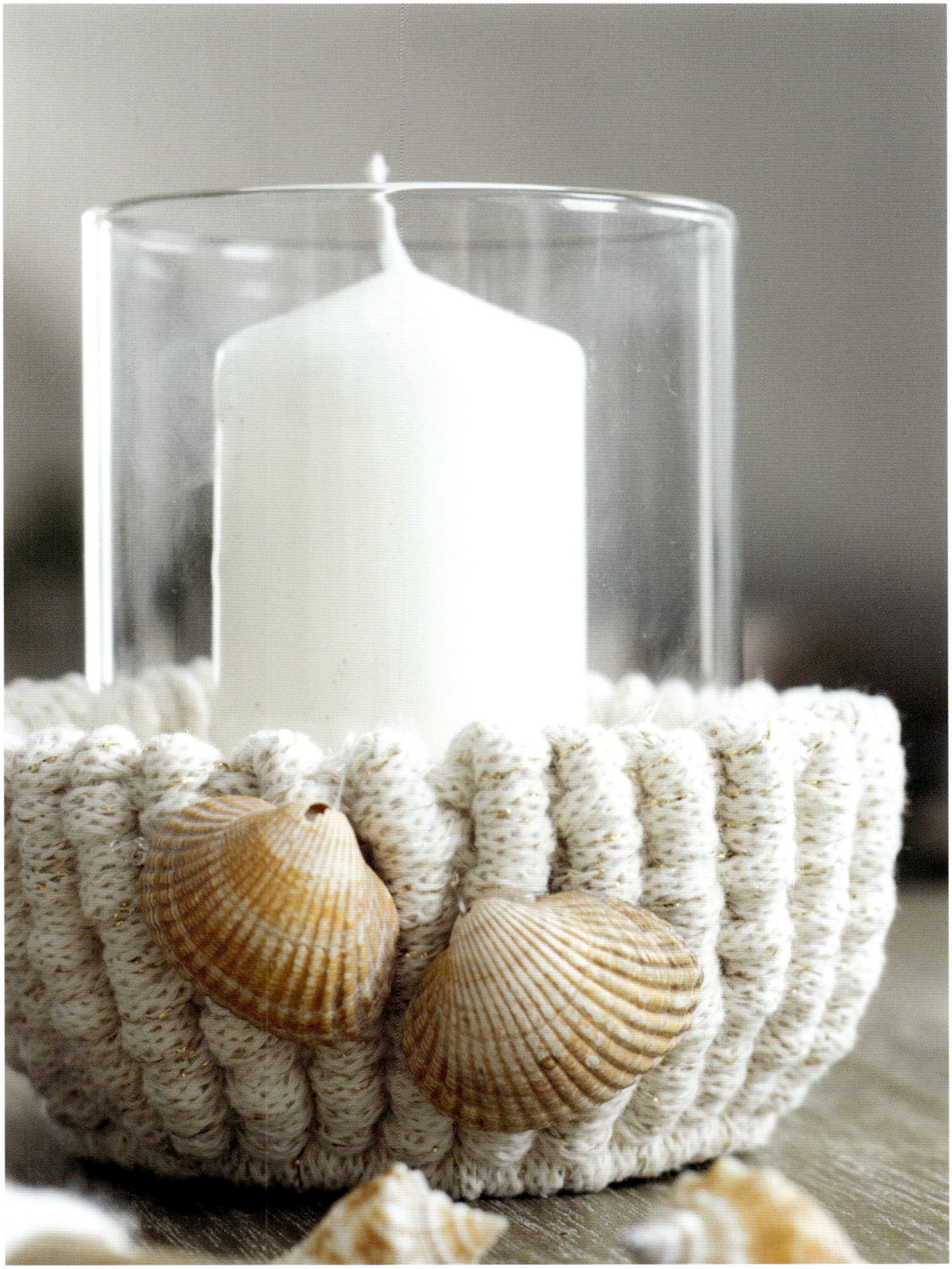

Trotz seiner Größe ist dieses Platzset super schnell und super einfach geknüpft, da es zu einem Großteil aus Rippenknoten besteht. Das perfekte Einsteiger*innenprojekt!

Platzset

MATERIAL

Bobbiny Baumwollgarn (gezwirnt, Ø 5 mm) in Mustard
Schere
Kamm

VERWENDETE KNOTEN:

von hinten geknoteter Ankerknoten
Rippenknoten
Kreuzknoten

ZUSCHNITT FÄDEN:

1x 525 cm
7x 190 cm
4x 170 cm
6x 150 cm
4x 130 cm
7x 110 cm
7x 100 cm

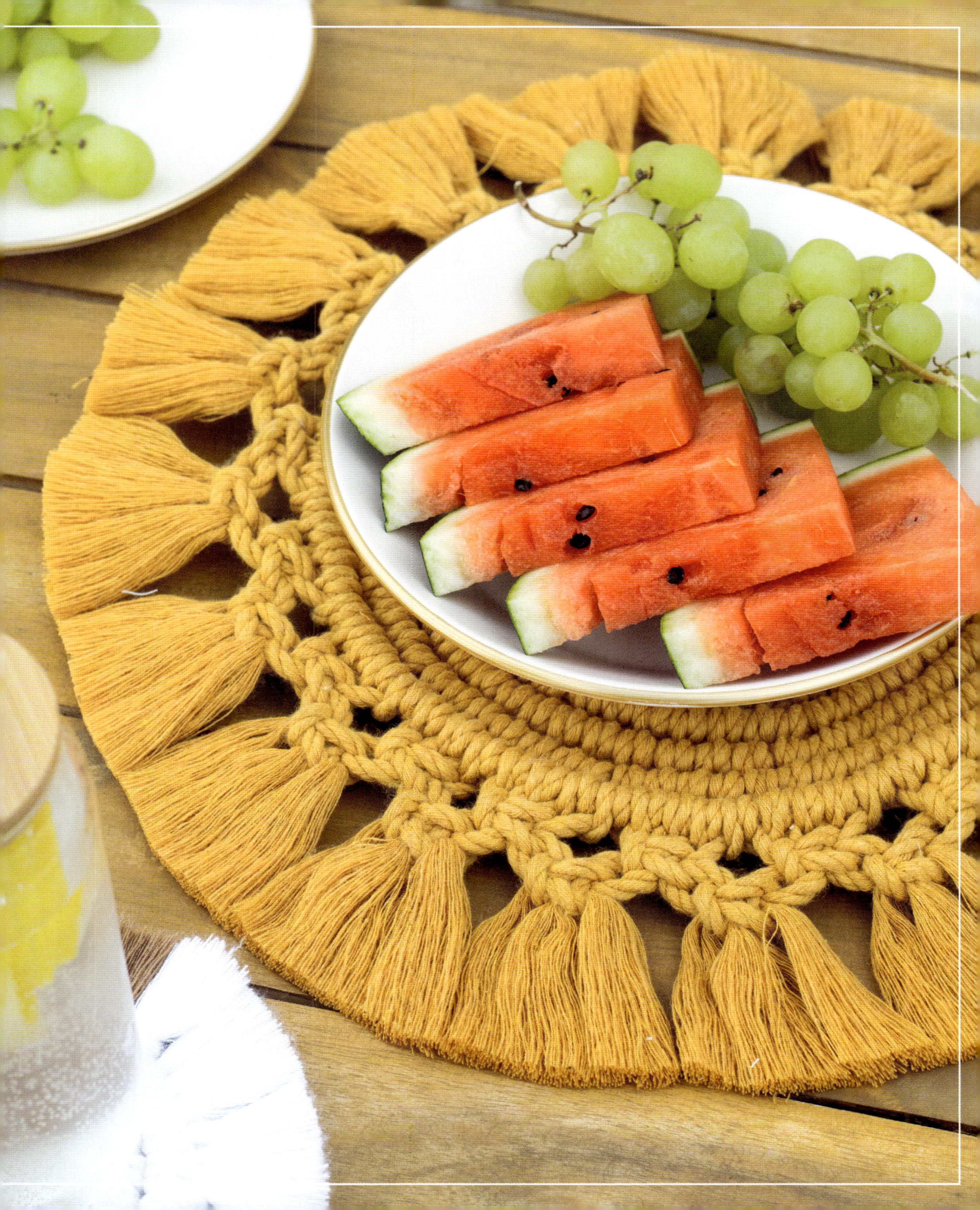

So wird's gemacht

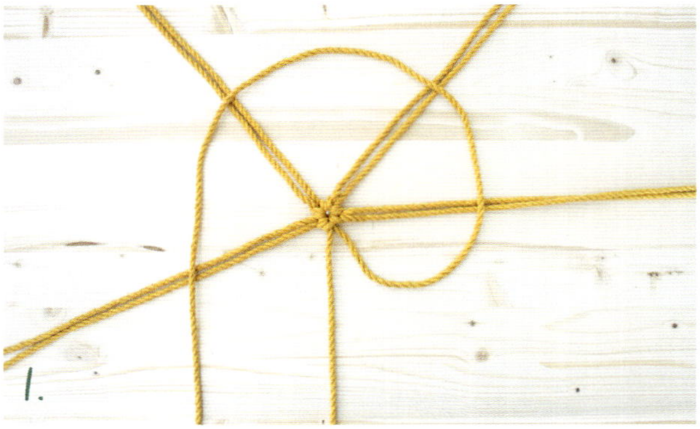

Lege den 525 cm langen Faden zur Schlaufe zusammen. Ein Ende sollte 95 cm lang sein. Befestige vier 190 cm lange Fäden, wie in Start 1 beschrieben (siehe Seite 22). Starte mit Rippenknoten (siehe Seite 18) und knüpfe diese entgegen dem Uhrzeigersinn. Füge nach Rippenknoten 2, 4 und 8 einen Faden mit je 190 cm Länge mit dem von hinten geknoteten Ankerknoten (siehe Seite 12) hinzu.

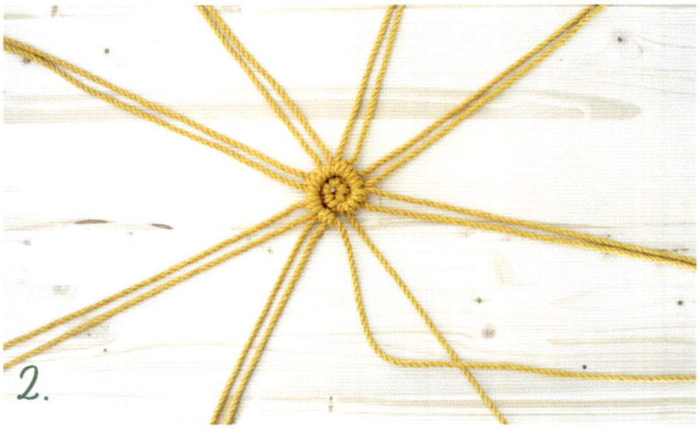

Insgesamt werden neun Runden Rippenknoten geknüpft. In jeder Runde werden neue Fäden hinzugenommen und wie folgt Rippenknoten eingefügt:
2. Runde: Fäden mit je 170 cm Länge nach Rippenknoten 1, 2, 6 und 11.
3. Runde: Fäden mit je 150 cm nach Rippenknoten 1 und 6.
4. Runde: Fäden mit je 150 cm Länge nach Rippenknoten 1, 6, 12 und 18.
5. Runde: Fäden mit je 130 cm nach Rippenknoten 7, 10, 23 und 32.
6. Runde: Fäden mit je 110 cm Länge nach Rippenknoten 4, 14, 20 und 46.
7. Runde: Fäden mit je 110 cm nach Rippenknoten 3, 35 und 46.
8. Runde: Fäden mit je 100 cm Länge nach Rippenknoten 11, 16, 22, 25, 33, 52 und 56.

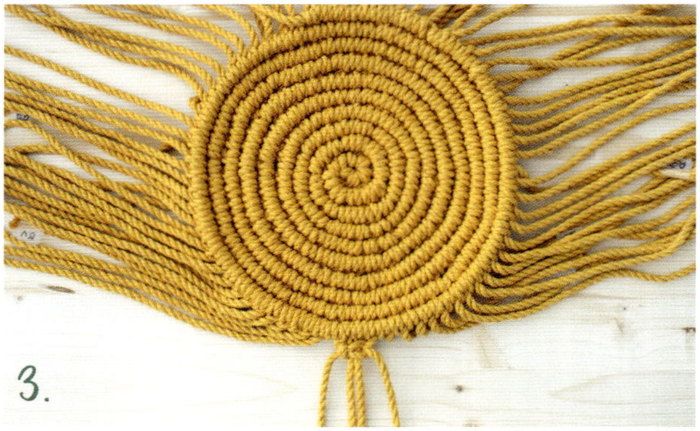

Nun folgen einmal ringsum eine Runde Kreuzknoten (siehe Seite 14).

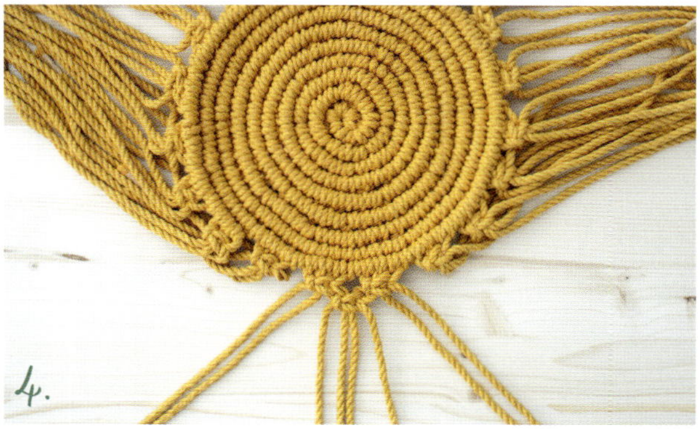

Anschließend knüpfst du versetzt eine weitere Runde Kreuzknoten. Dazu zwei Stränge auf beiden Seiten beiseitelegen und mit den mittleren vier Strängen je einen Kreuzknoten knüpfen.

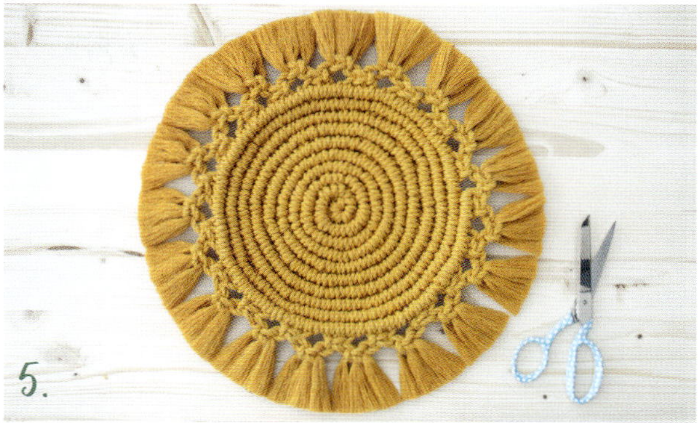

Die Enden auf 4,5 cm kürzen und auskämmen.

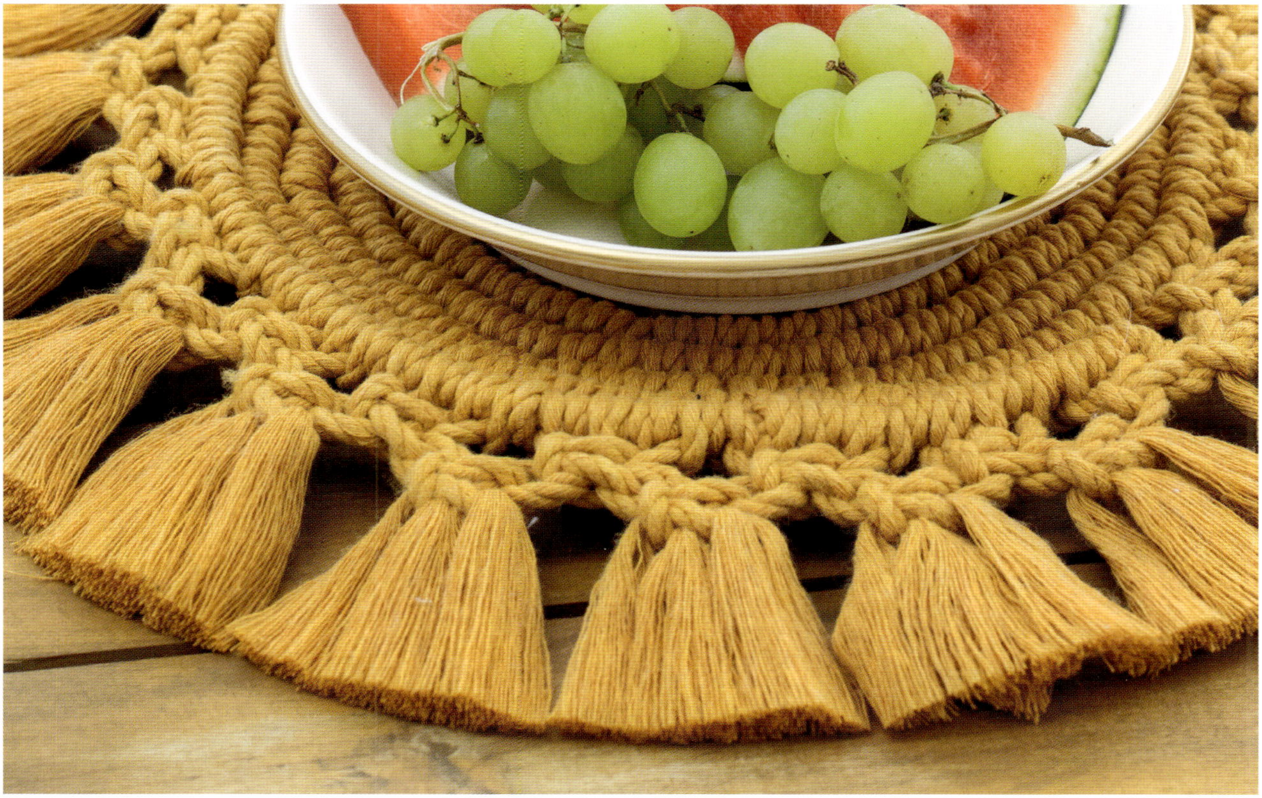

Makramee-Blumenampel mal anders! Die verschobenen Kreuzknoten an der Aufhängung oben bilden ein außergewöhnliches und verspieltes Detail an diesem Knüpfprojekt.

Blumenampel

MATERIAL

Bobbiny Baumwollgarn (geflochten,Ø 5 mm) in Caramel
rundes Gefäß, Ø 16 cm
Holzring, Ø 7 cm
Schere

VERWENDETE KNOTEN:

von hinten geknoteter Ankerknoten
Kreuzknoten
Wickelknoten

ZUSCHNITT FÄDEN:

24x 160 cm
3x 50 cm
1x 90 cm

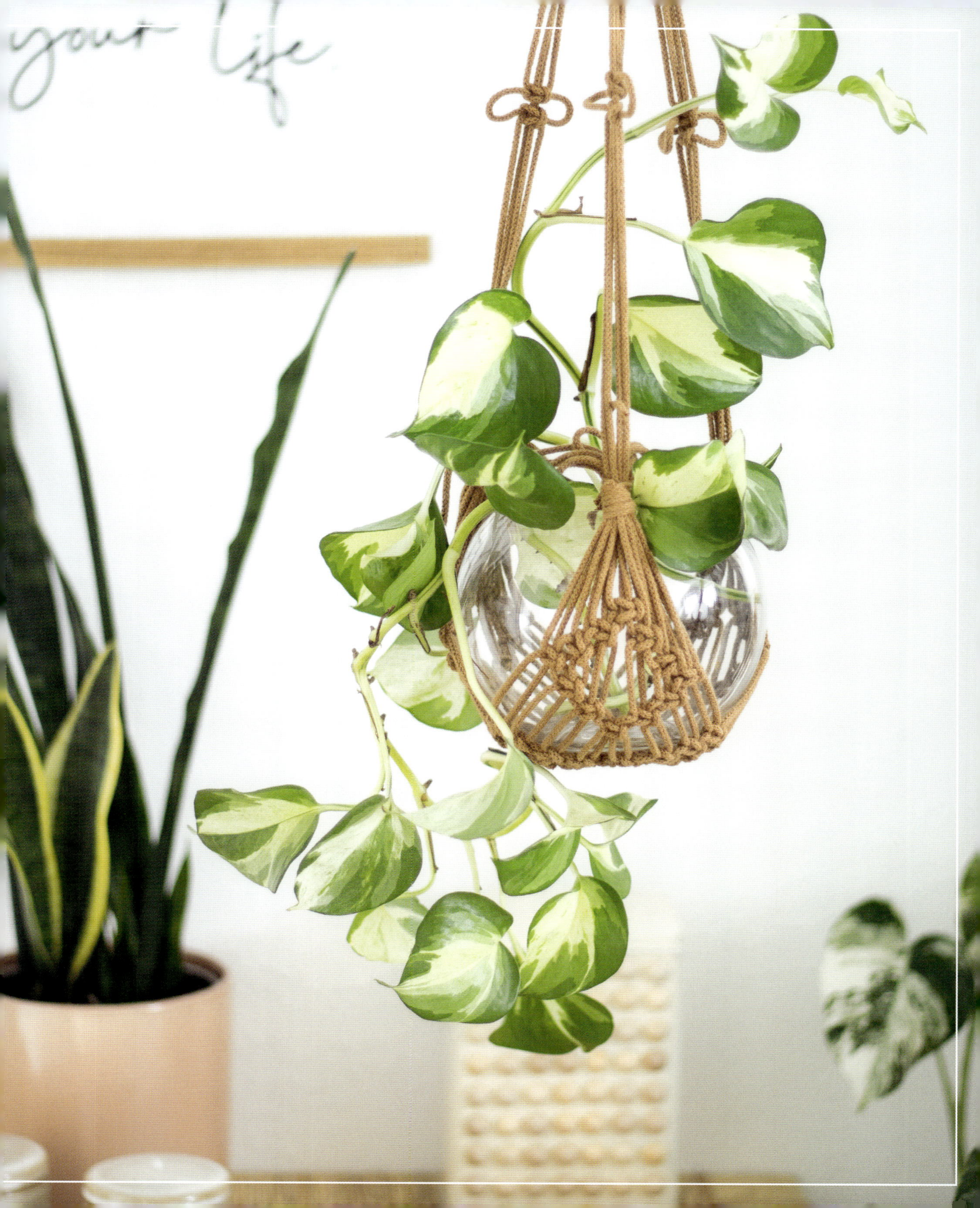
your life

So wird's gemacht

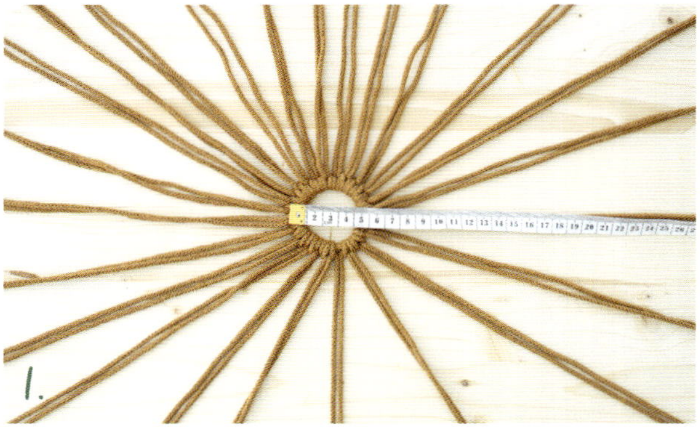

Lege einen 160 cm langen Faden zur Schlinge zusammen und knüpfe, wie in Start 2 beschreiben (siehe Seite 24), alle restlichen 23 Schnüre an dieser Schlinge fest. Der entstandene Kreis sollte einen Durchmesser von 5 cm haben.

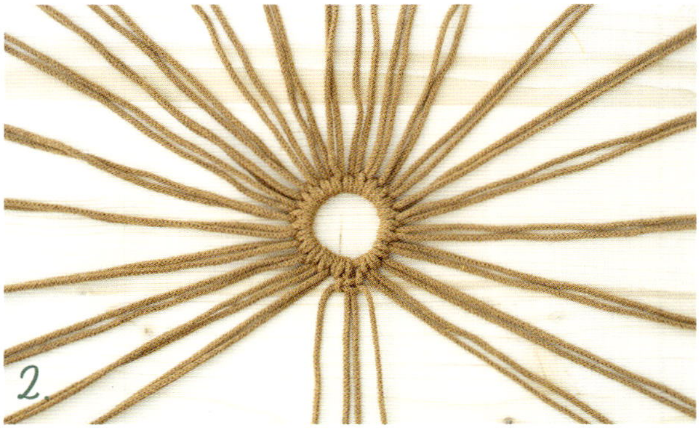

Rundherum werden nun 12 Kreuzknoten (siehe Seite 14) geknüpft. Nimm dir dafür an einer beliebigen Stelle vier Stränge zur Hand.

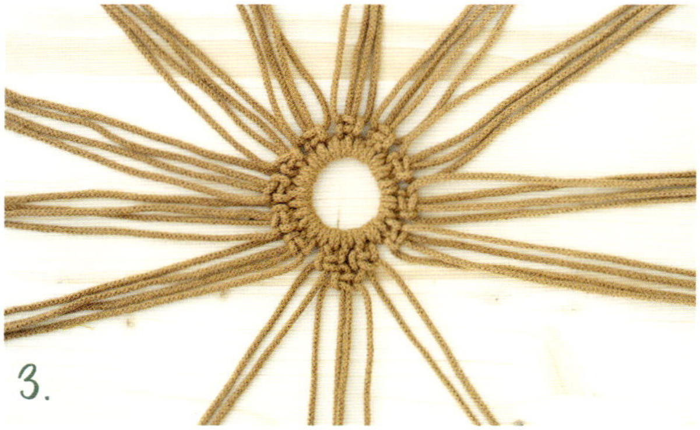

In der zweiten Runde werden die Kreuzknoten versetzt (siehe Seite 16) geknotet.

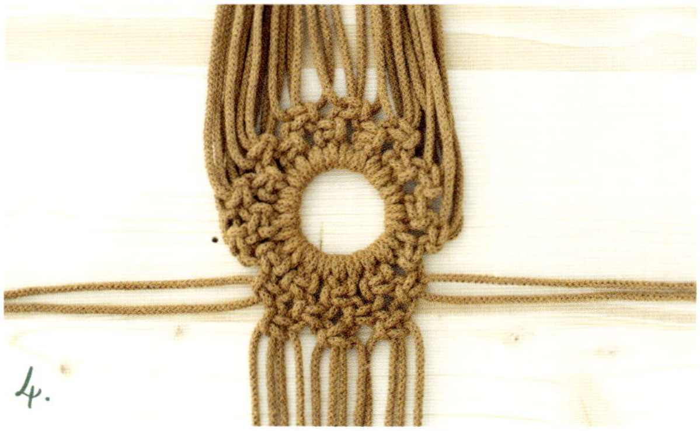

Teile die 12 Kreuzknoten in drei Bündel á 4 Kreuzknoten auf. Lege dir die äußeren zwei Stränge links und rechts beiseite und knüpfe drei weitere Kreuzknoten. Runde für Runde werden immer die äußersten Stränge beiseitegelegt. So entsteht ein Dreieck.

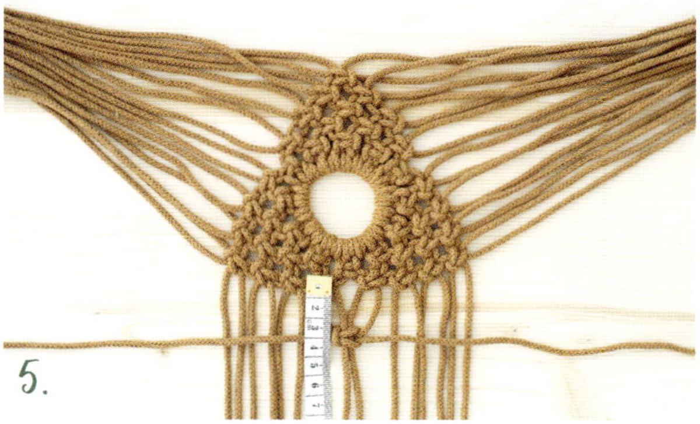

Nimm nun zwischen zwei Dreiecken vier Stränge zur Hand und knüpfe mit 3 cm Abstand einen weiteren Kreuzknoten.

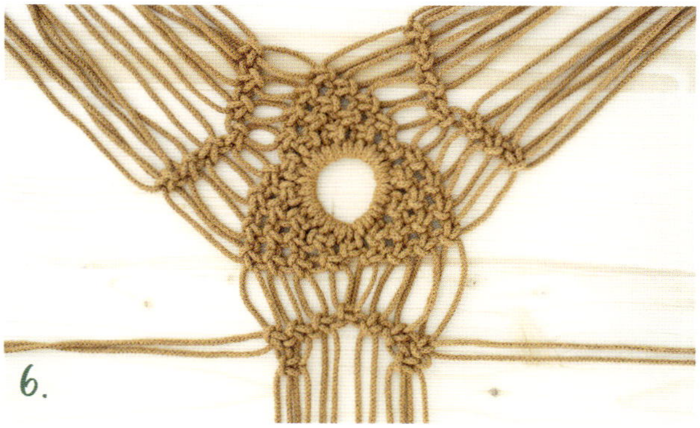

Arbeite dich nach links und rechts außen vor, indem du immer zwei Stränge des vorherigen Knotens und die danebenliegenden Stränge zu einem neuen Kreuzknoten knüpfst.

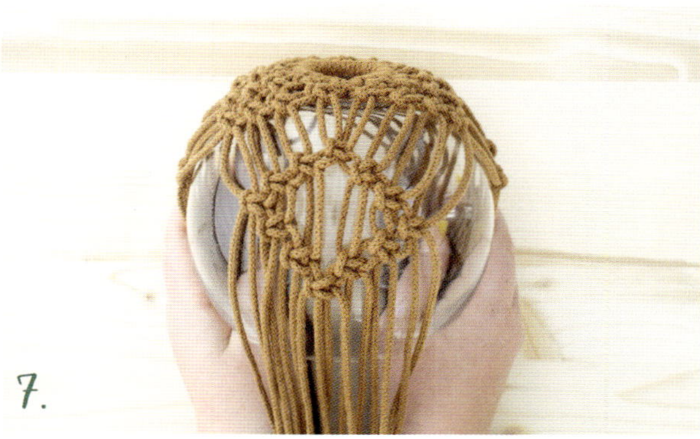

Anschließend arbeitest du dich wieder zur Mitte vor. Auch hier nimmst du zwei Stränge des Knotens zuvor und die zwei Stränge daneben.
Wenn es dir einfacher von der Hand geht, kannst du dein Makramee direkt auf dem Gefäß platzieren.

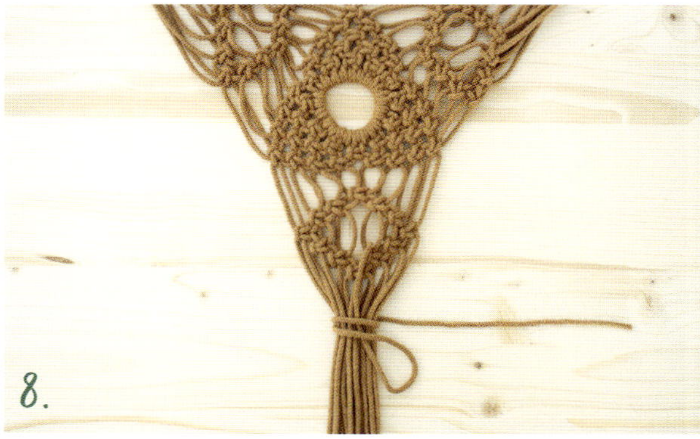

3 cm unterhalb des letzten Kreuzknotens werden alle Stränge zusammengenommen und mit einem Wickelknoten (siehe Seite 21) mit einem der 50 cm langen Fäden fixiert. Wiederhole diesen Schritt an den anderen Blumenampel-Trägern.

So geht's weiter

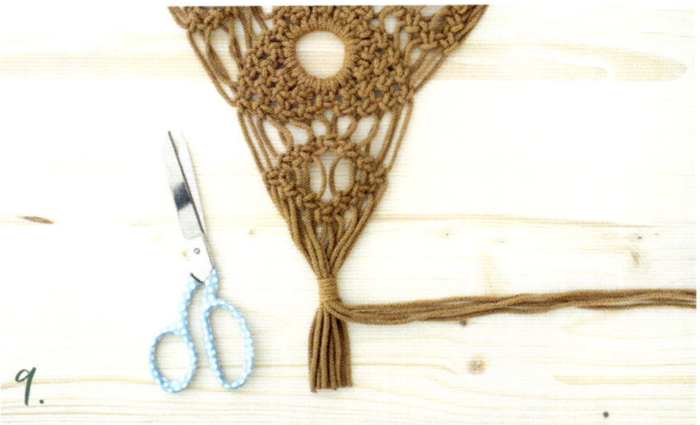

Lege die vier längsten Stränge beiseite und schneide die restlichen Stränge grade zu.

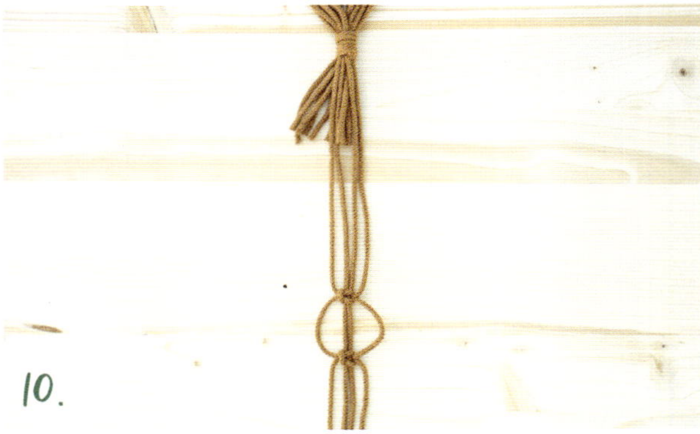

20 cm über dem Wickelknoten wird ein Kreuzknoten geknüpft. Ein weiterer ca. 3 cm über dem davor.

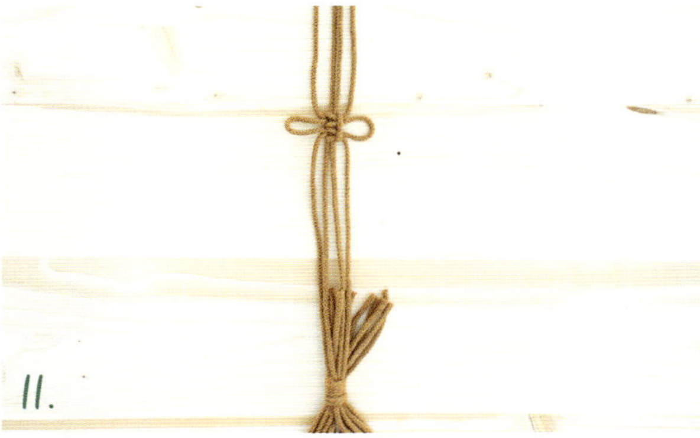

Schiebe den letzten Kreuzknoten an den anderen heran. Es entstehen kleine Schlaufen. Wiederhole Schritt 9–11 an den anderen beiden Strängen.

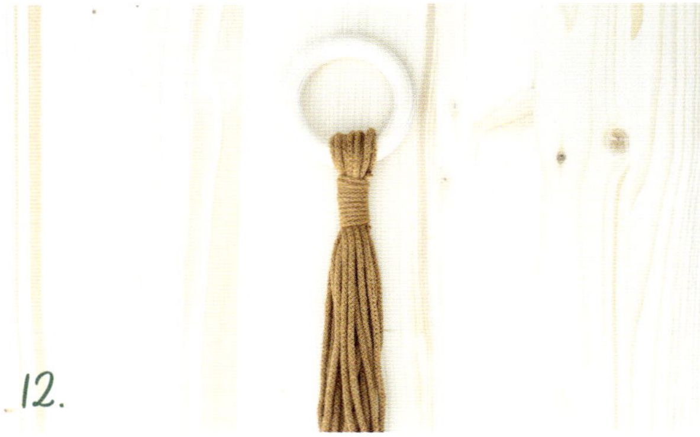

Fädle die restlichen Stränge ca. 20 cm durch einen Holzring (Ø 7 cm) hindurch und fixiere diese mit einem Wickelknoten. Nutze dafür den 90 cm langen Faden. Stelle dein Gefäß anschließend in die Mulde deiner Blumenampel hinein.

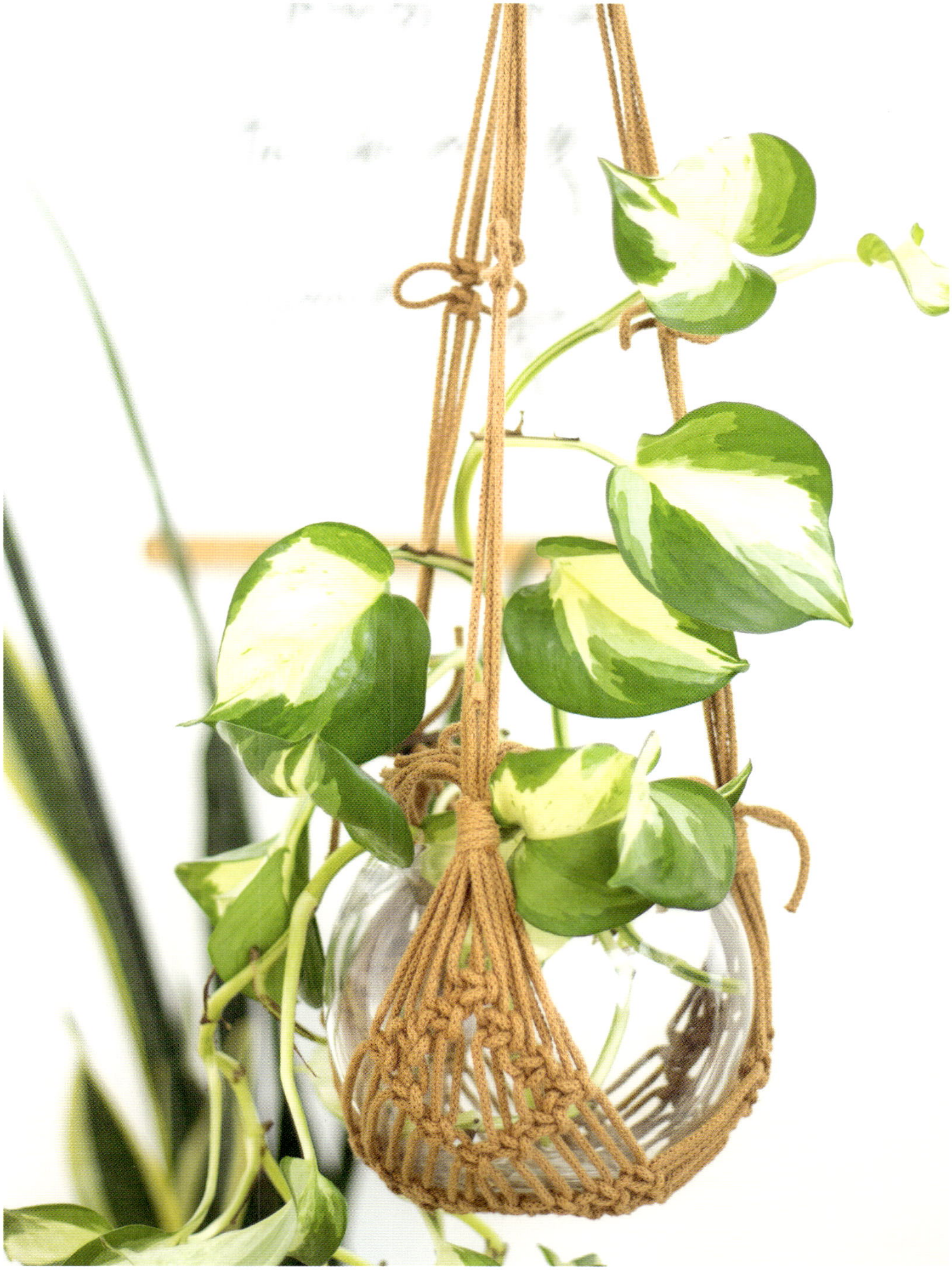

Das Cremeweiß, in dem das Garn für dieses Projekt gehalten ist, sorgt für tolles indirektes Licht und eine kuschelig-gemütliche Atmosphäre, die abends erst so richtig verzaubert.

Lampion

MATERIAL

Bobbiny Baumwollgarn (geflochten, Ø 3 mm) in Natural
Holzring, Ø 7 cm
LED-Mini-Lichterkette, 20er
Heißkleber oder Nadel und Faden
Schere

VERWENDETE KNOTEN:

von vorne geknoteter Ankerknoten
Beerenknoten
Kreuzknoten
Fassknoten

ZUSCHNITT FÄDEN:

33x 200 cm

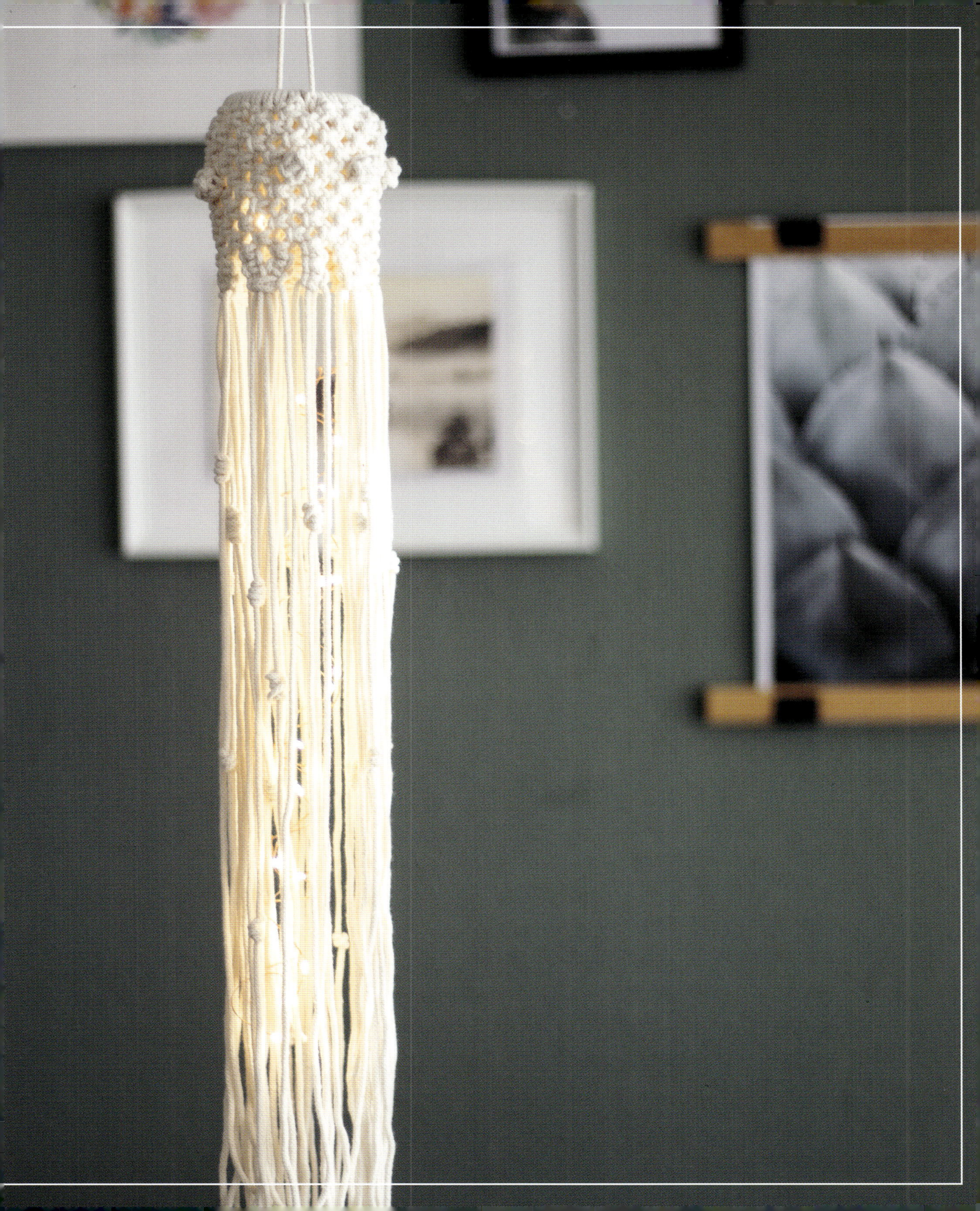

So wird's gemacht

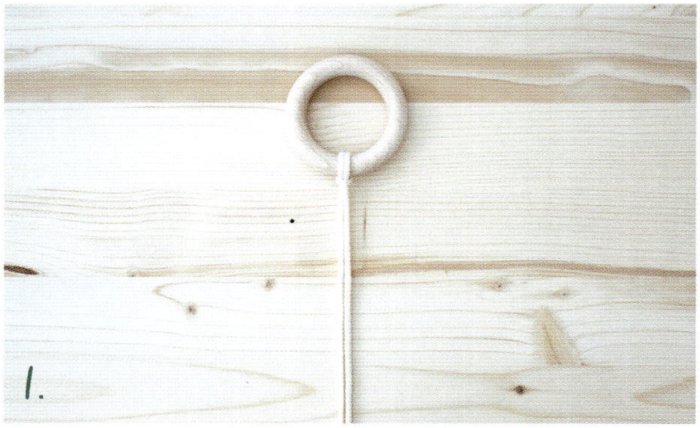

Alle Fäden werden einmal mittig zusammengelegt und mit den von vorne geknoteten Ankerknoten (siehe Seite 12) am Holzring befestigt.

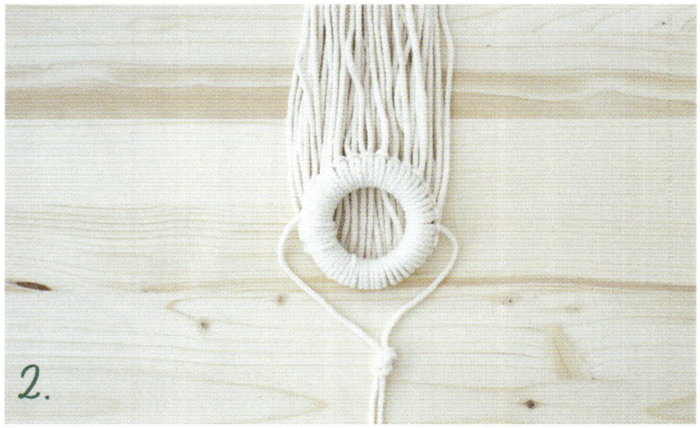

Zwei parallel gegenüberliegende Stränge werden locker miteinander verknotet. Diesen Knoten solltest du später wieder aufbekommen, da diese beiden Stränge deine Aufhängung werden. Arbeite zunächst bis Schritt 4 flach auf deiner Arbeitsfläche.

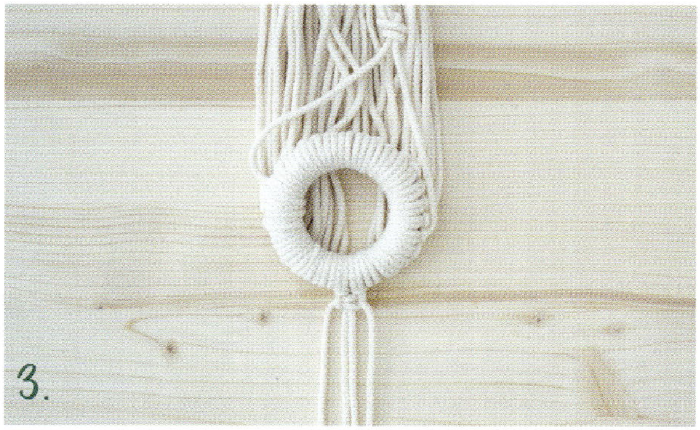

Beginne an einer beliebigen Stelle mit einer Runde Kreuzknoten (siehe Seite 14) rundum.

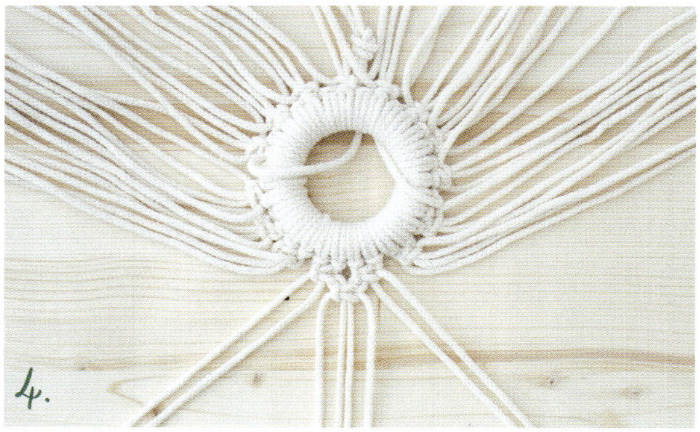

Die zweite Runde Kreuzknoten wird versetzt zur ersten Runde geknotet (siehe Seite 16). Insgesamt werden vier Runden geknüpft.

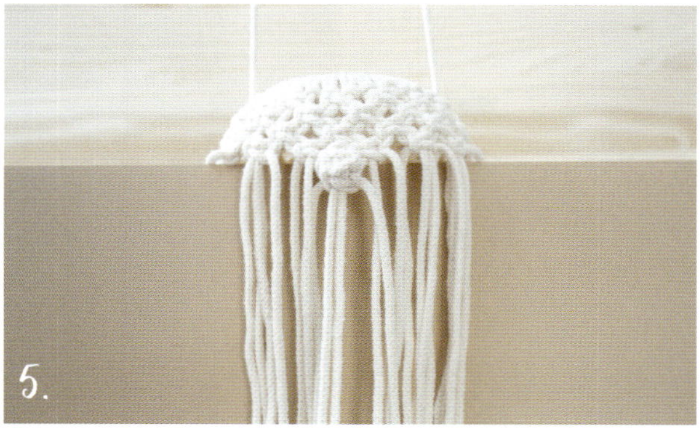

Jetzt wird das Makramee aufgehängt. Befestige es dafür an einer Knüpfhilfe.
In der 5. Runde wird, beginnend zwischen zwei Kreuzknoten, je ein Beerenknoten (siehe Seite 17) geknüpft.

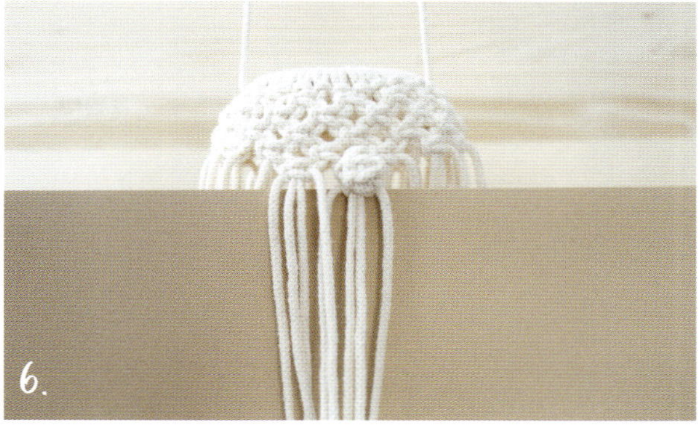

Zwischen zwei Beerenknoten wird ein einfacher Kreuzknoten versetzt zur Runde davor geknüpft. Insgesamt arbeitest du in dieser Runde acht Beerenknoten und acht Kreuzknoten.

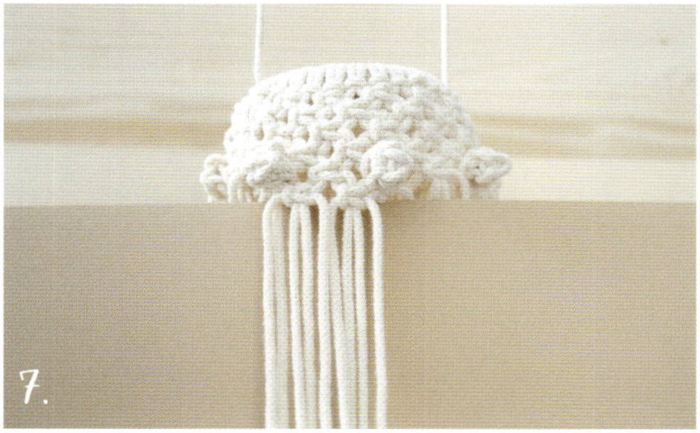

Anschließend folgen vier weitere Runden versetzte Kreuzknoten.

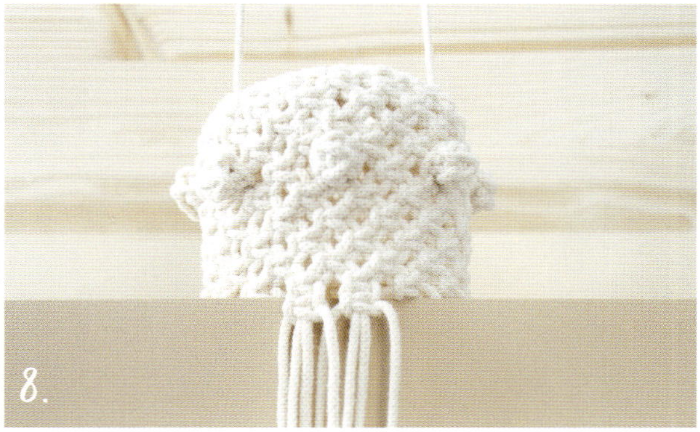

Nach den vier Runden folgt eine weitere Runde versetzte Kreuzknoten. Hier knüpfst du aber direkt zwei Kreuzknoten untereinander.

So geht's weiter

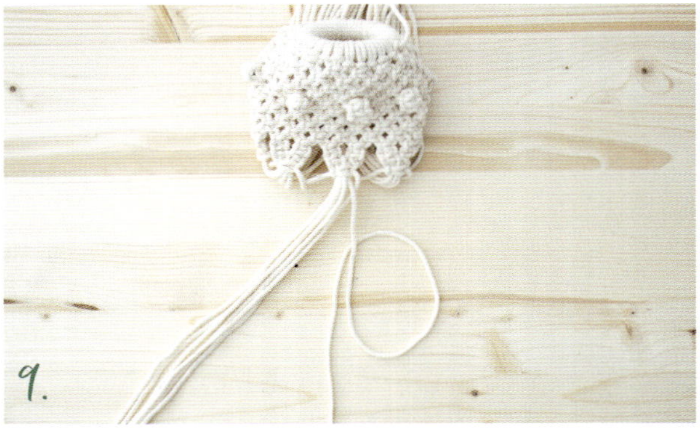

Zwei Stränge á acht Fäden werden nun miteinander verbunden. Dafür knüpfst du mit den zwei äußersten Strängen einen großen Kreuzknoten. So werden die innenliegenden sechs Stränge verbunden. An dieser Stelle kannst du die einzelnen Stränge nach Bedarf kürzen. Jeder Abschnitt umfasst acht Stränge. Suche dir zwei beliebige Stränge aus und knüpfe auf unterschiedlichen Höhen je zwei Fassknoten (siehe Seite 20). Dafür legst du einen Strang zur Schlaufe. Achte darauf, dass das Ende vom Faden unter dem Strang von oben hinweggeführt wird.

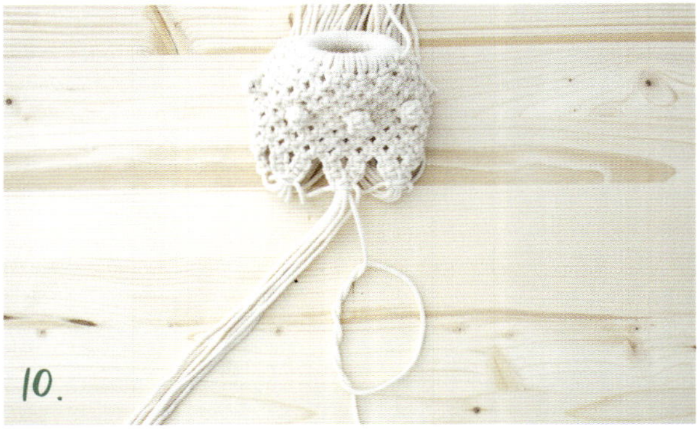

Umwickle die Schlaufe dreimal, indem du das Ende von oben durch die Schlaufe nach links führst.

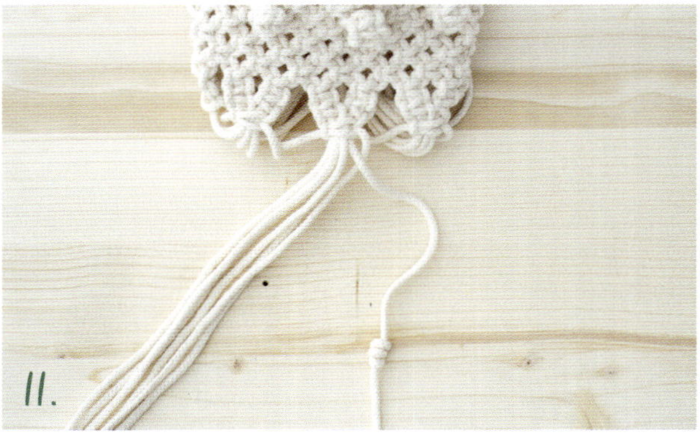

Anschließend ziehst du vorsichtig die Schlaufe zusammen. Es entsteht der Fassknoten. Du kannst nach Belieben viele Strangenden mit diesem Knoten gestalten.

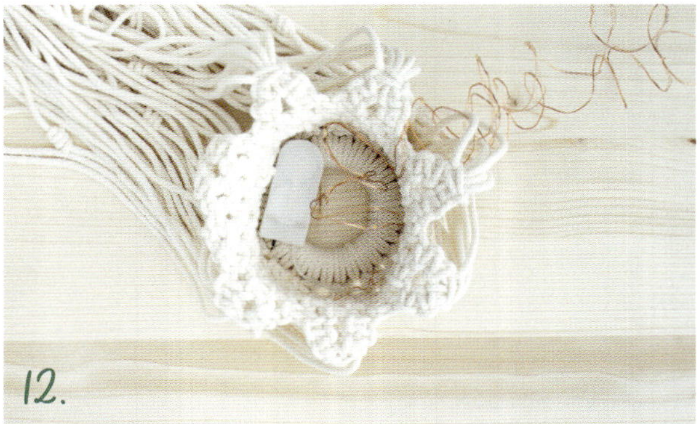

Zum Schluss bringst du im Inneren deines Makramees die LED-Mini-Lichterkette an. Dafür kannst du Heißkleber verwenden, oder du befestigst sie mit Nadel und Faden an den Knoten von innen. Kräusel die Lichterkette. Nun löst du den Knoten deiner zwei Fäden zum Aufhängen und knotest die Enden fest zusammen.

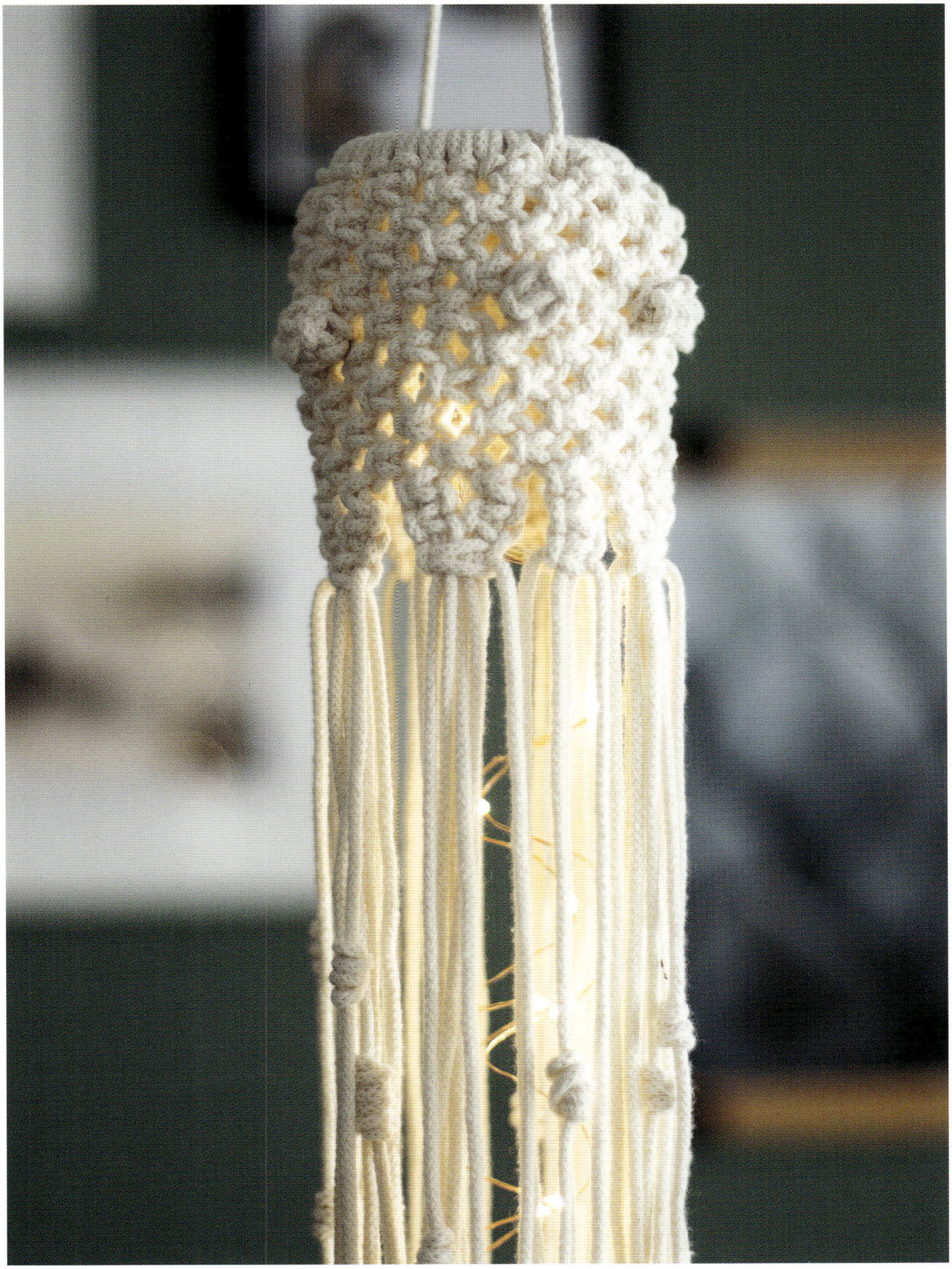

Textile Oberflächen (wie auch der Hocker auf Seite 32) haben einen riesigen Vorteil beim Knüpfen: Du kannst das Garn für mehr Übersicht einfach mit Stecknadeln fixieren.

Yoga Kissen

MATERIAL

Bobbiny Baumwollgarn (geflochten, Ø 5 mm) in Sand
Yoga-Kissen, Ø ca. 34 cm, ca. 15 cm hoch
Stecknadel
Schere

VERWENDETE KNOTEN:

von hinten geknoteter Ankerknoten
Kreuzknoten
Rippenknoten

ZUSCHNITT FÄDEN:

12x 230 cm
12x 200 cm
12x 170 cm
2x 120 cm

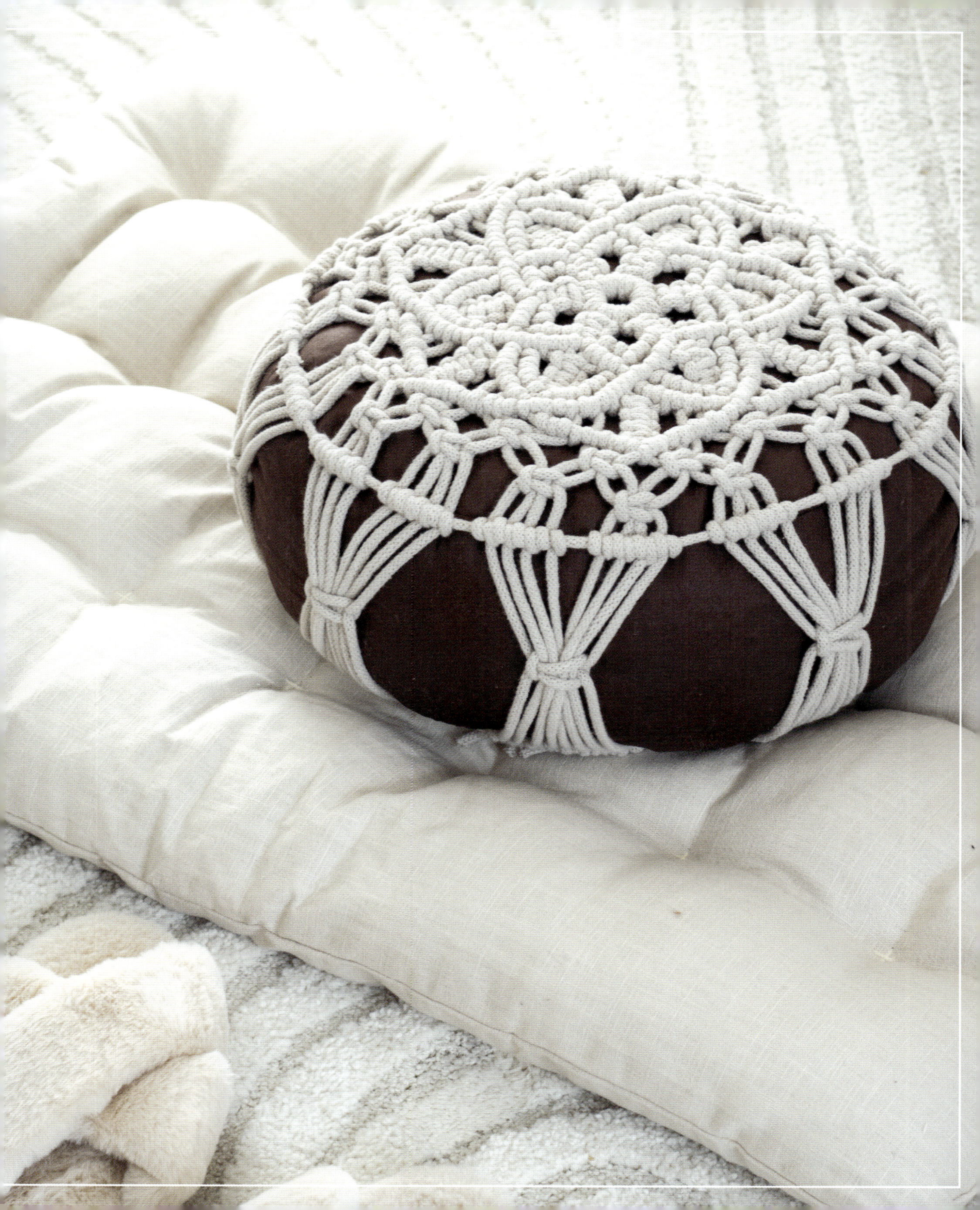

So wird's gemacht

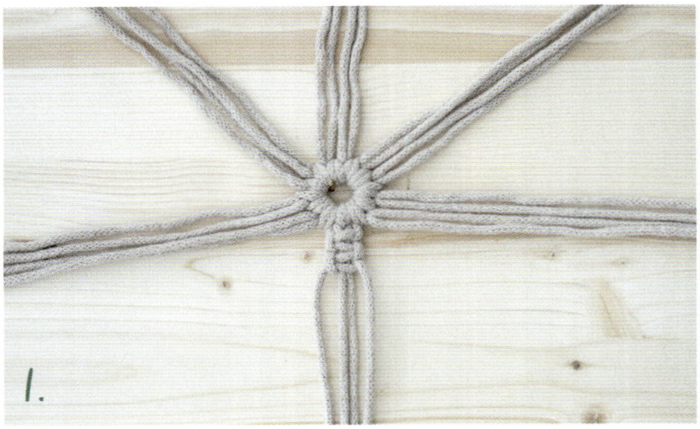

Zuerst werden alle Fäden mit je 230 cm Länge verwendet. Einen der Fäden zu einer Schlinge legen und die restlichen, wie in Start 2 beschrieben (siehe Seite 24), an der Schlaufe mit dem von hinten geknoteten Ankerknoten (siehe Seite 12) befestigen. Anschließend immer vier Stränge mit je zwei Kreuzknoten (siehe Seite 14) knüpfen. Diesen Schritt weitere fünf Mal wiederholen.

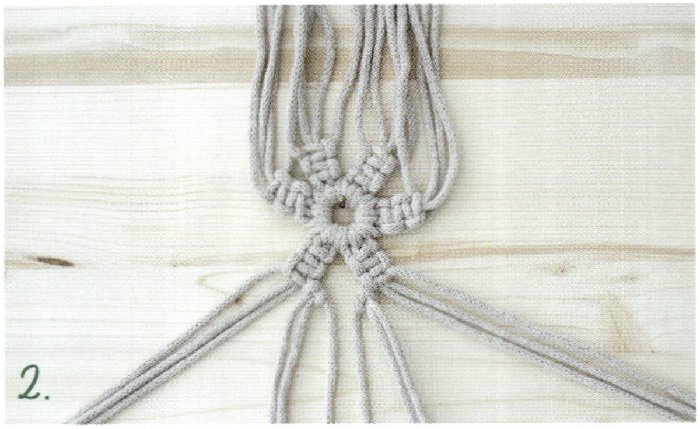

Nun an die innenliegenden Stränge zweier nebeneinanderliegender Kreuzknoten je einen Faden mit 200 cm Länge mit dem von hinten geknoteten Ankerknoten befestigen.

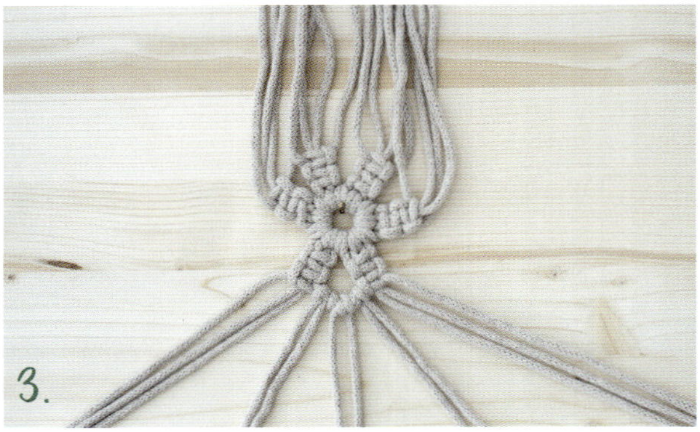

Beide Stränge, an denen zuvor ein neuer Faden befestigt wurde, kannst du jetzt mit einem Rippenknoten (siehe Seite 18) verbinden.

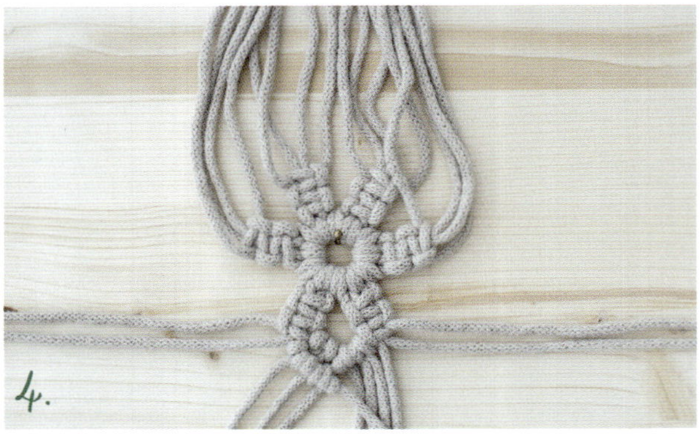

Lege von links und rechts je zwei Fäden beiseite. Der nun außenliegende Faden dient dir als Trägerfaden. Knüpfe zur Mitte hin drei Rippenknoten.

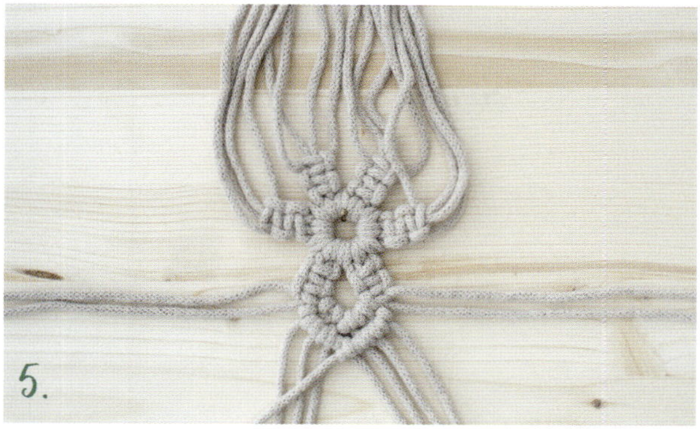

Wiederhole Schritt 4 auf der anderen Seite und schließe das entstandene Dreieck, indem du den Trägerfaden aus dem vorherigen Schritt als weiteren Arbeitsfaden verwendest. Schritte 2–4 einmal rundherum wiederholen.

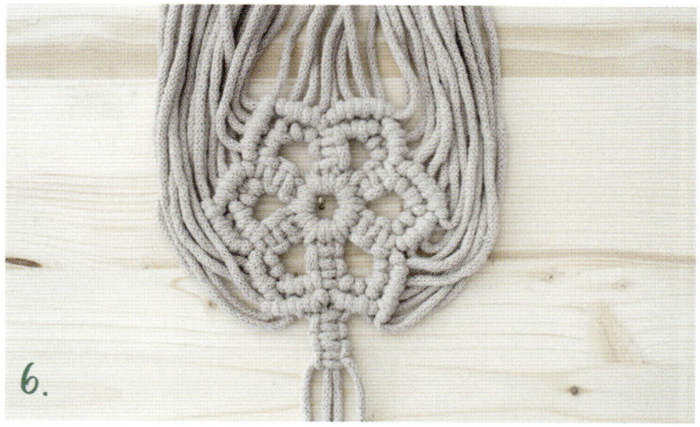

Jetzt werden zwischen den Dreiecken immer drei Kreuzknoten geknüpft. Ziehe diese schön fest. Wiederhole diesen Schritt fünfmal.

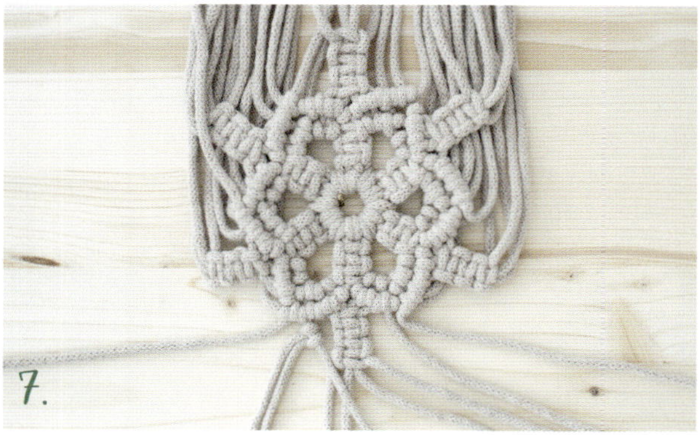

Lege dir von zwei nebeneinanderliegenden Spitzen je einen Faden beiseite. Befestige einen weiteren Faden mit je 170 cm Länge mit den von hinten geknoteten Ankerknoten an den äußersten Fäden. Knüpfe danach zur Mitte hin zwei Rippenknoten.

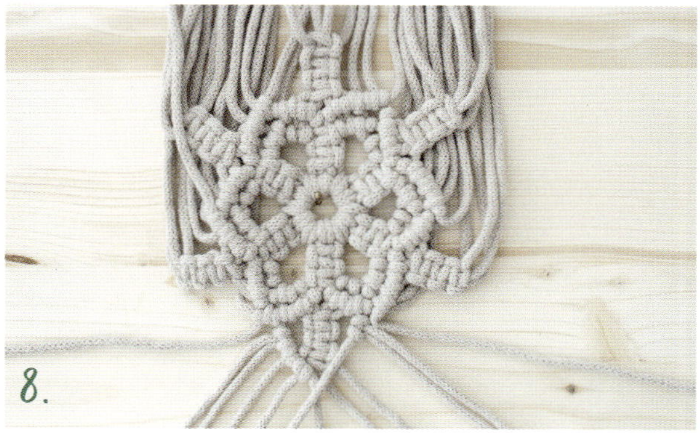

Wiederhole Schritt 7 auf der anderen Seite und schließe das Dreieck, indem du den Trägerfaden der gegenüberliegenden Seite als weiteren Arbeitsfaden verwendest.

So geht's weiter

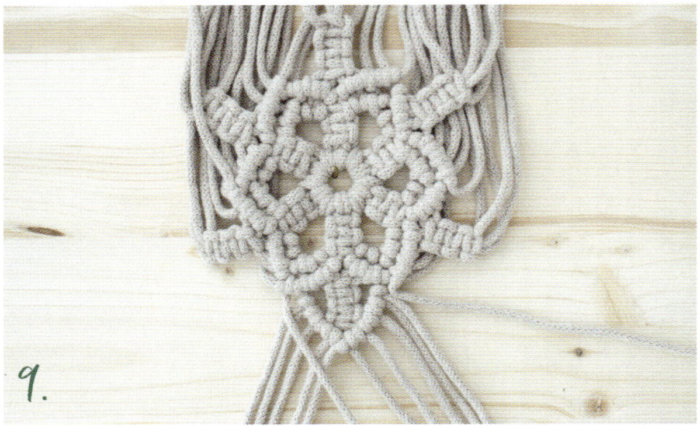

Mit den beiseitegelegten Fäden werden von links und rechts zur Spitze hin zwei weitere Runden Rippenknoten gearbeitet. Auch hier die Spitze wieder, wie in Schritt 8 beschrieben, schließen.

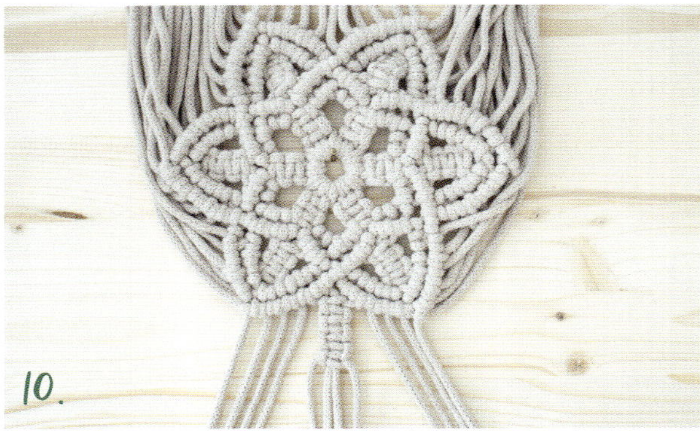

Zwischen den Spitzen werden erneut vier Kreuzknoten geknüpft. Wiederhole diesen Schritt rundherum fünfmal.

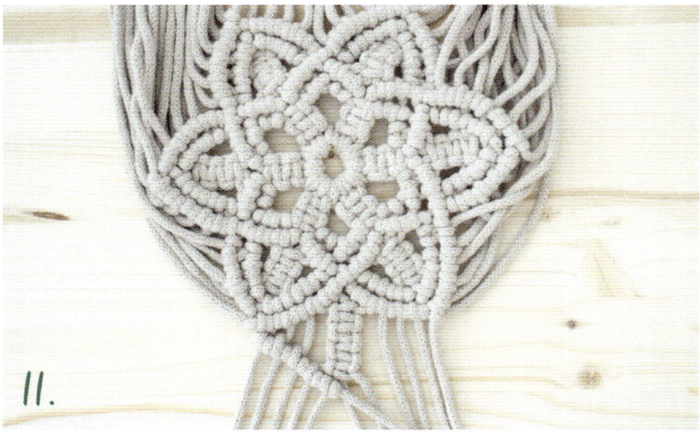

Zähle dir von Spitze zu Spitze zwölf Fäden ab und verbinde diese von rechts erneut mit einer Runde Rippenknoten.

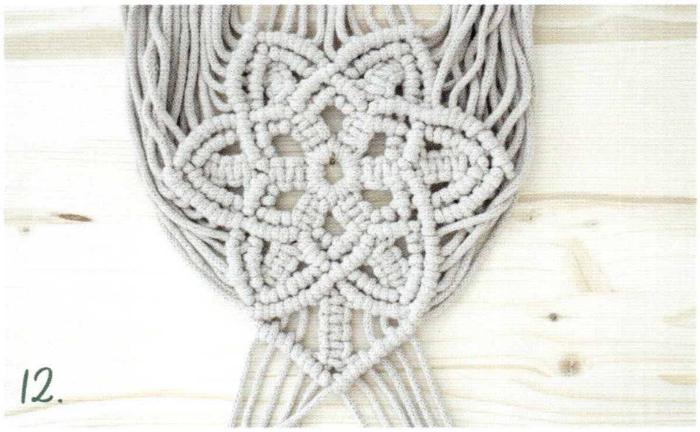

Knote eine weitere Runde von links und schließe die Spitzen mit einem zusätzlichen Rippenknoten.

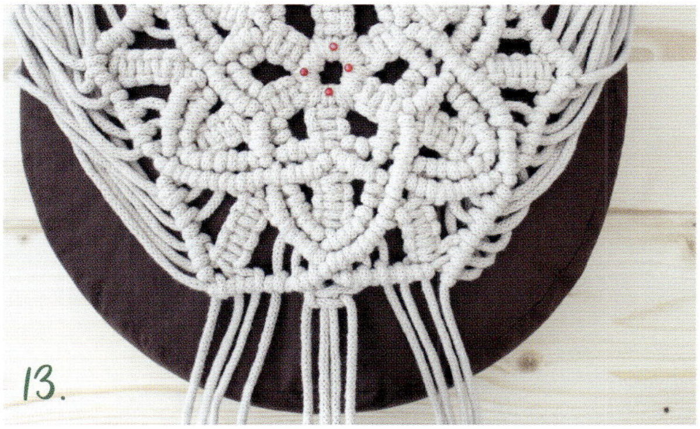

Platziere dein Makramee ab diesem Schritt auf deinem Yoga-Kissen und stecke dies mittig mit Stecknadeln fest. Trenne dir von Spitze zu Spitze zwölf Stränge ab und knüpfe insgesamt vier Kreuzknoten auf gleicher Höhe. Einmal rundum knüpfst du insgesamt 18 Kreuzknoten.

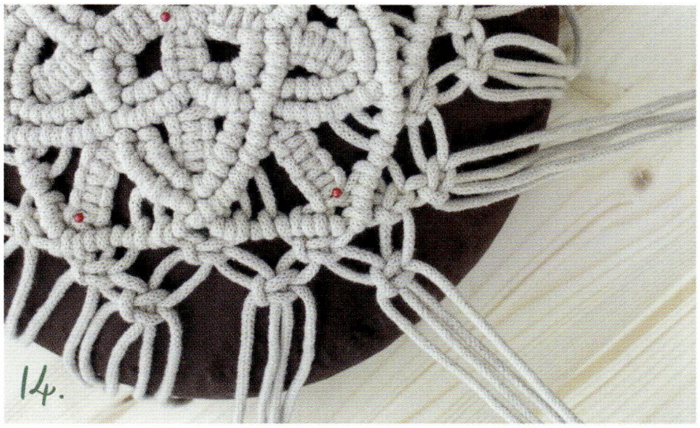

Versetzt zu der ersten Runde Kreuzknoten folgt eine weitere Runde Kreuzknoten. Diese schön locker knoten, damit das Makramee nicht zu fest um das Yoga-Kissen sitzt. Rundum werden zwölf Kreuzknoten geknüpft.

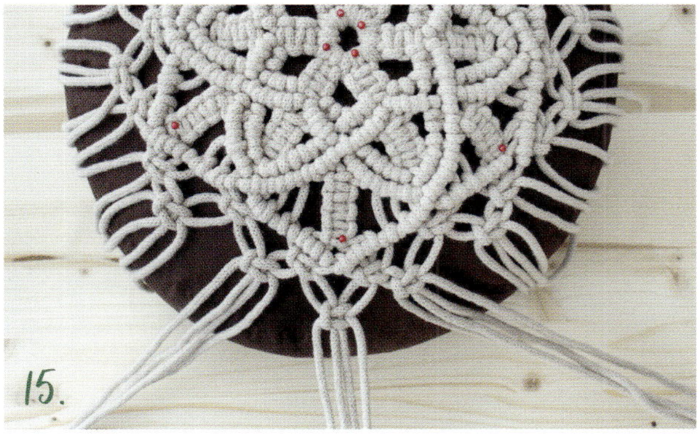

Auf Höhe der Spitzen der einzelnen Rippenknoten wird versetzt zur zweiten Runde je ein weiterer Rippenknoten geknüpft, insgesamt sechsmal. Nach Beendigung dieser Runde solltest du an der Naht des Überzugs des Yoga-Kissen angekommen sein. Sollte dein Kissen etwas größer sein, kannst du das Muster mit den Kreuzknoten versetzt fortführen.

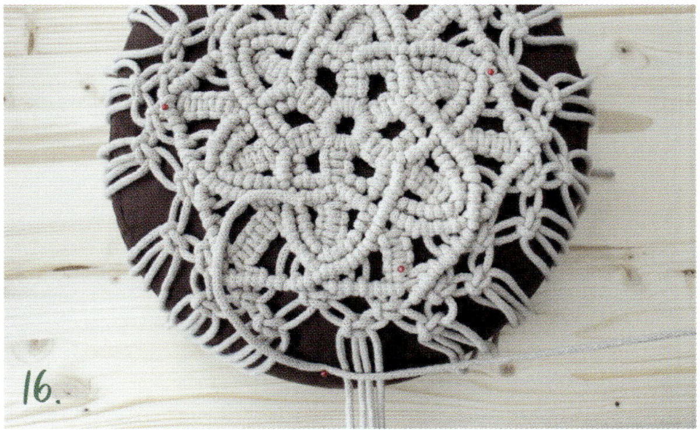

Jetzt wird einer der Fäden mit je 120 Länge auf dem Kissen mit einer Stecknadel fixiert. Anhaltspunkt ist die Naht des Überzugs. Befestige die Nadel so, dass das kurze Ende ca. 20 cm nach links zeigt. Entgegen dem Uhrzeigersinn werden entlang der Naht die Stränge mit einem Rippenknoten am Leitfaden befestigt. Nach vier Strängen immer eine Lücke von 1–2 cm lassen. Du kannst dir die Rippenknoten weiterhin mit Stecknadeln fixieren.

So geht's weiter

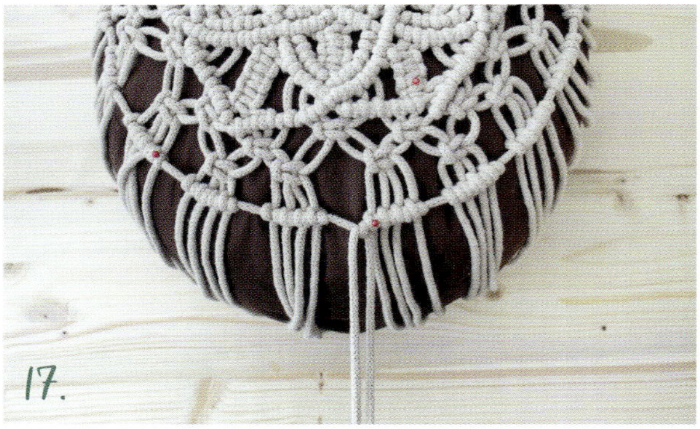

17.

Die Enden des Leitfadens werden straff miteinander verknotet und bündig abgeschnitten.

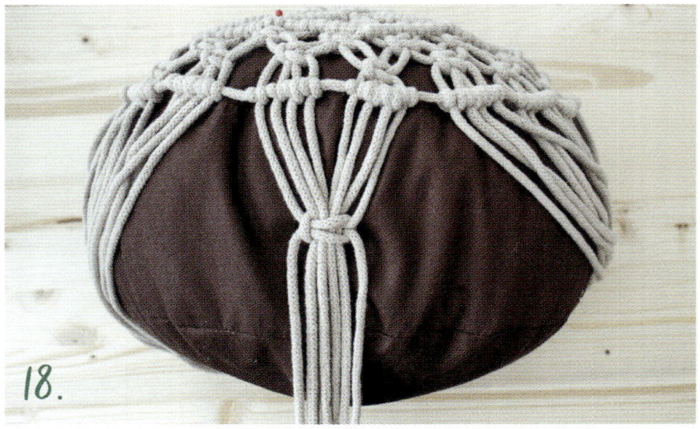

18.

Lege dein Kissen auf die Seite und fasse immer acht Stränge zusammen. Mit den beiden äußersten Fäden wird ein Kreuzknoten mittig zu beiden Nähten des Überzugs geknüpft. Insgesamt werden neun dieser Kreuzknoten geknüpft.

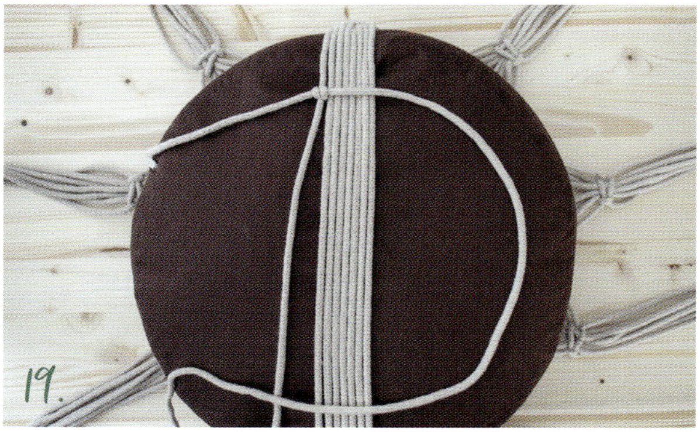

19.

Jetzt das Kissen mit der Musterseite nach unten legen. Der letzte Faden mit 120 cm Länge wird circa 4 cm von der Naht mit einer Stecknadel fixiert. Dieser Faden ist dein Trägerfaden. Die ersten acht Stränge werden unter dem Trägerfaden platziert und fest mit acht Rippenknoten umknüpft. Der erste Rippenknoten ist ein wenig schwierig, da es kaum Halt gibt. Es wird aber von Knoten zu Knoten einfacher.

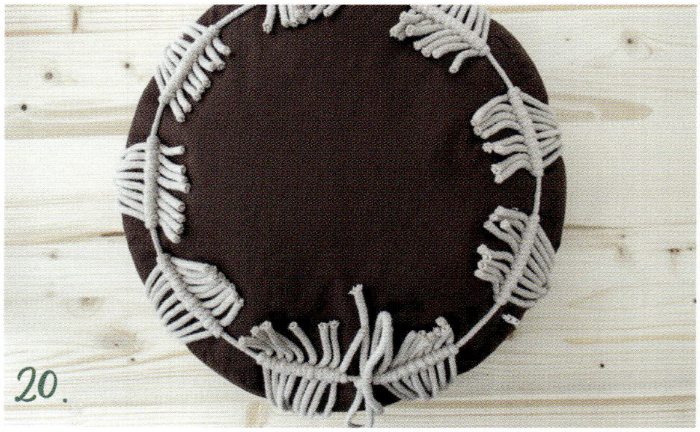

20.

Nachdem du einmal rundum geknüpft hast, können die Enden des Trägerfadens mit einer Schleife zusammengebunden werden. Die Enden der Fäden werden auf 3 cm gekürzt.
Solltest du deinen Bezug waschen oder das Kissen neu befüllen wollen, löse die Schleife und zieh das Makramee ab. Es kann ebenso wieder aufgezogen werden.

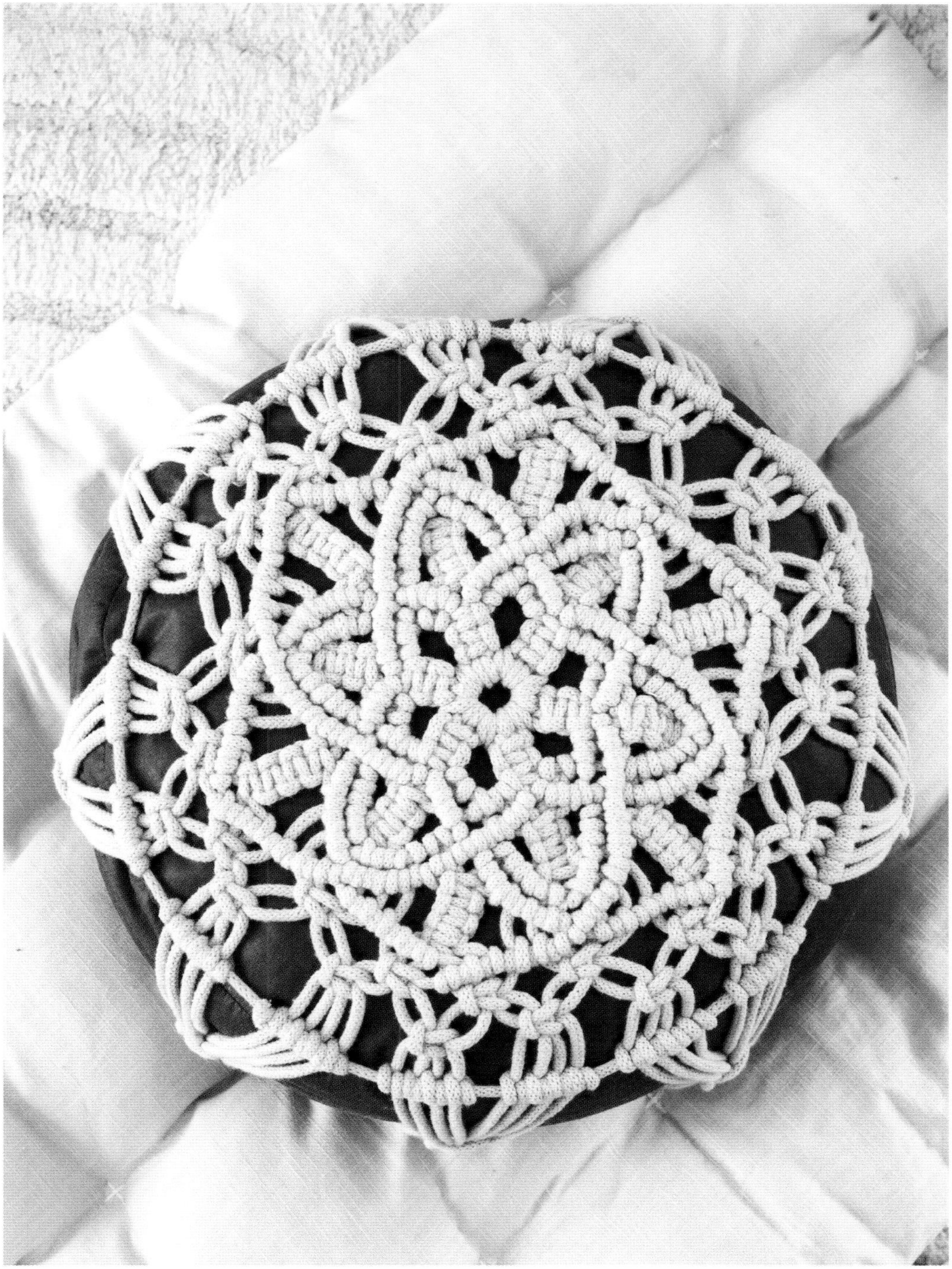

Dass das Muster auf der Vorderseite des Kissens zweimal gearbeitet wird, macht dieses Projekt so einfach. Einfach die beiden Teile an den Enden zusammenbinden – fertig!

Kissen

MATERIAL

Bobbiny Baumwollgarn (gezwirnt, Ø 5 mm) in Weiß
Rundkissen, Ø 40 cm (von buttinette)
Stecknadeln
Schere

VERWENDETE KNOTEN:

von hinten geknoteter Ankerknoten
Rippenknoten
Kreuzknoten

ZUSCHNITT FÄDEN:

22x 160 cm
10x 40 cm

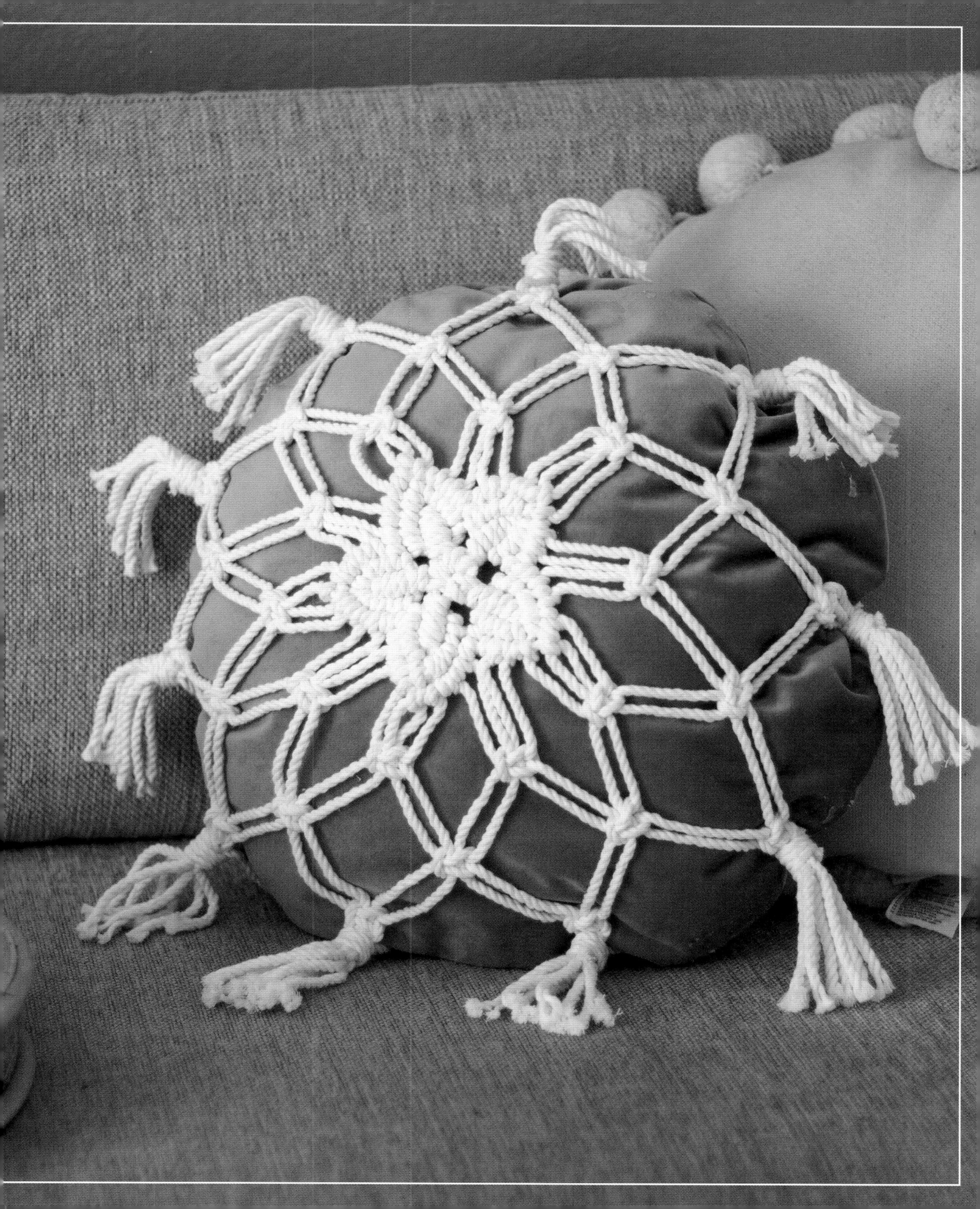

So wird's gemacht

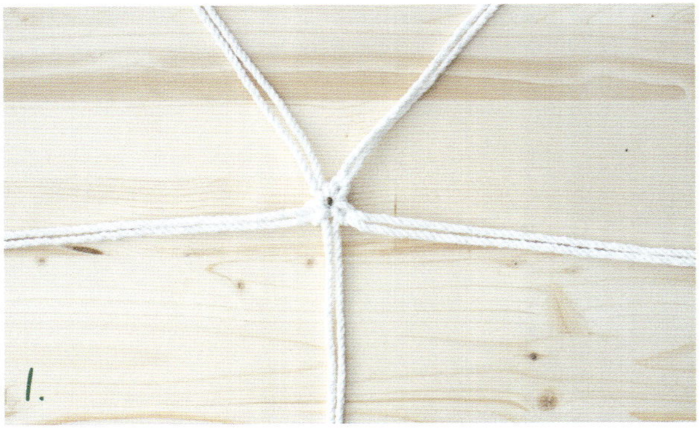

Lege dir eine Schnur mit 160 cm Länge zur Schlinge zusammen und befestige vier weitere 160 cm lange Schnüre mit dem von hinten geknoteten Ankerknoten (siehe Seite 12) am Trägerfaden. Gehe in diesem Schritt vor, wie in Start 2 beschrieben (siehe Seite 24).

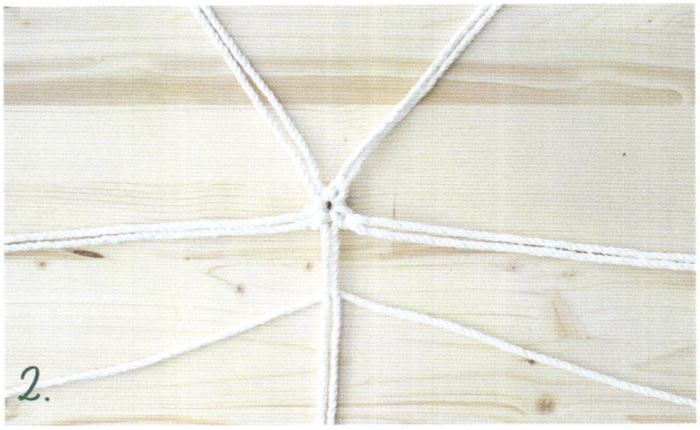

An zwei zusammenliegenden Strängen werden nun drei weitere Fäden mit 160 cm Länge wie folgt befestigt: Lege den neuen Faden genau auf der Hälfte unter die zwei Stränge.

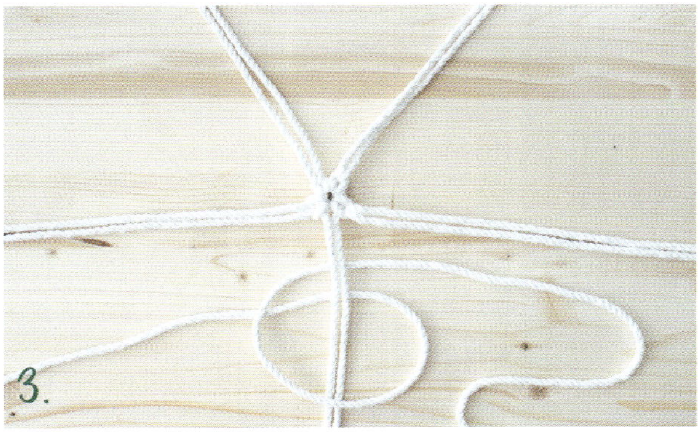

Das rechte Ende wird über die zwei mittleren Stränge gelegt und nach rechts zurück unter den zwei Strängen nach oben hindurchgeführt.

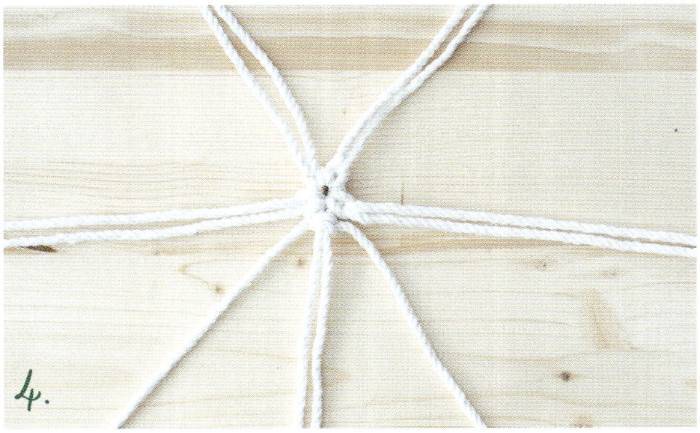

Erneut wird das rechte Ende über die mittleren Stränge gelegt und unter den Strängen und über die Schlaufe hindurchgezogen.
An beiden Enden den Knoten festziehen und an den von hinten geknoteten Ankerknoten heranschieben.

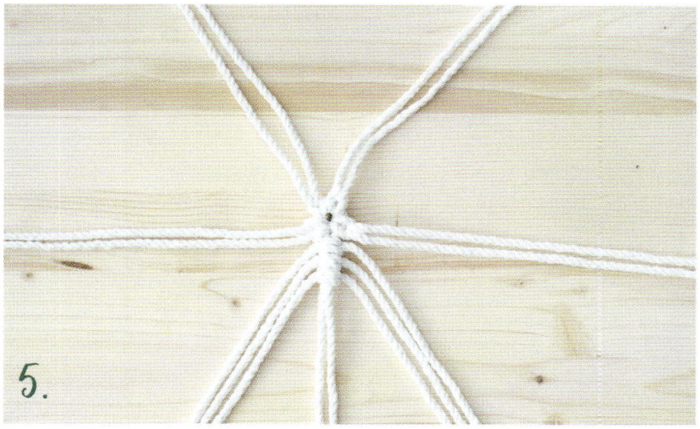

Wiederhole die Schritte 2–4 weitere vier Mal. Am Ende solltest du fünf umknotete Stränge á drei neue Fäden (sechs Stränge) haben.

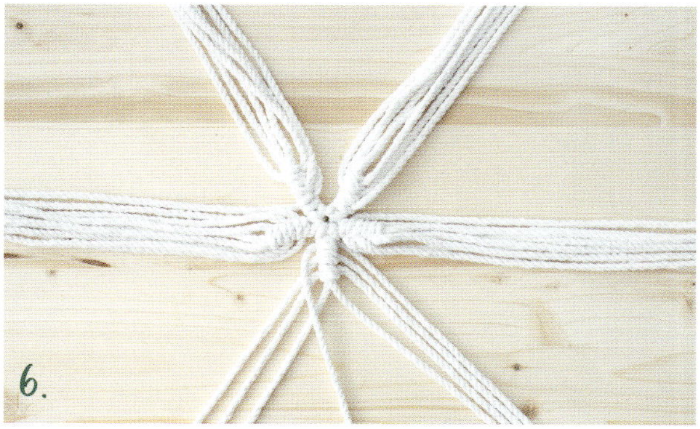

Nun folgen Rippenknoten (siehe Seite 18). Dafür den obersten linken Strang schräg nach unten führen. Dieser ist dein Trägerfaden. Knüpfe drei Rippenknoten.

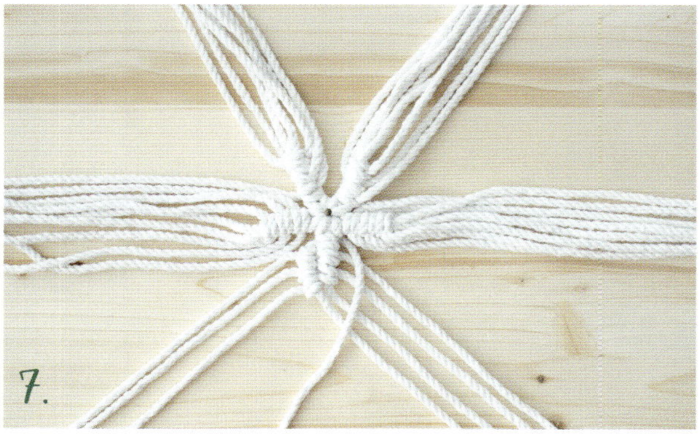

Anschließend wiederholst du den Schritt auf der gegenüberliegenden Seite. Umknüpfe auch diesen mit drei Rippenknoten. Um die Spitze zu schließen, nimm den Leitfaden der vorherigen Runde und knüpfe einen zusätzlichen Rippenknoten. Wiederhole diesen Vorgang einmal rundherum.

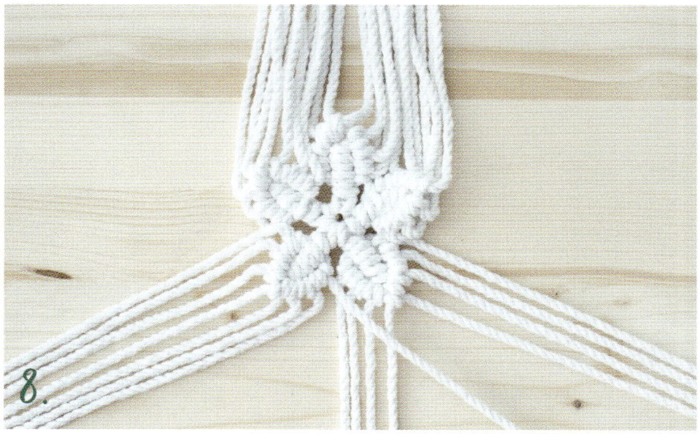

Suche dir an einer beliebigen Stelle den obersten rechten Strang und lege ihn nach links zur nächsten Spitze. Knüpfe eine zweite Reihe Rippenknoten. Wiederhole diesen Schritt rundherum.

So geht's weiter

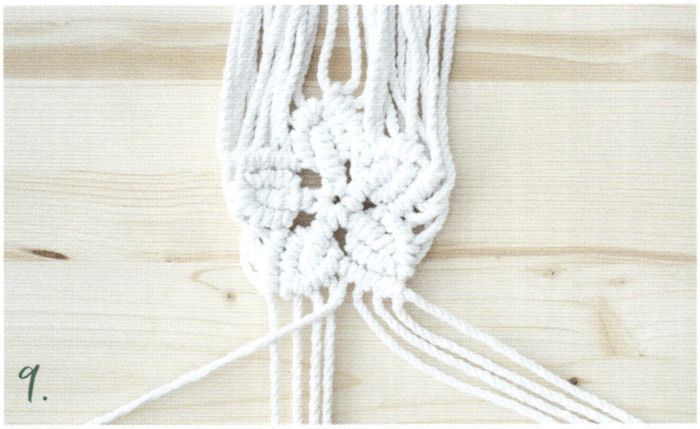

Danach wird die rechte Seite Rippenknoten geknüpft. Hierfür den obersten Strang der danebenliegenden Reihe als Trägerfaden verwenden.
Um die Spitze zu schließen, verwendest du den Trägerfaden der gegenüberliegenden Seite als zusätzlichen Arbeitsfaden. Auch dieser Schritt wird rundherum wiederholt.

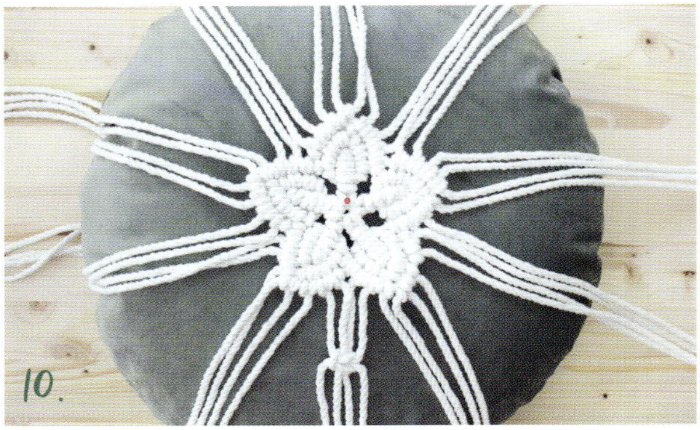

Arbeite ab diesem Schritt auf deinem Kissen weiter. Platziere das Makramee mittig auf deinem Rundkissen und arbeite rundherum mit 5 cm Abstand zu den Rippenknoten zehn Kreuzknoten (siehe Seite 14). Beginne hier zwischen zwei Spitzen und trenne dir die mittleren vier Stränge ab.

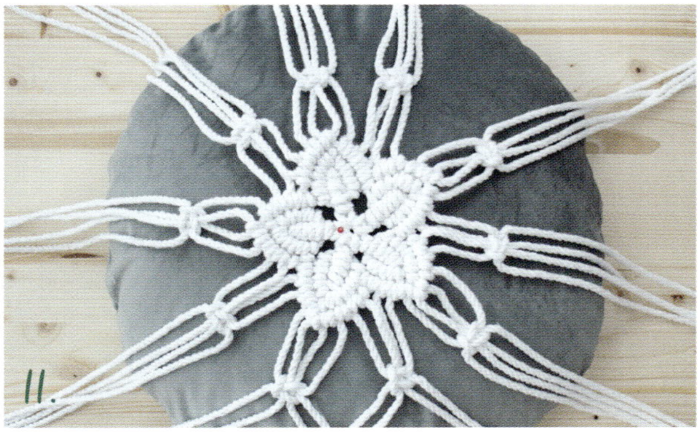

Versetzt zur ersten Runde Kreuzknoten folgen zwei weitere Runden versetzte Kreuzknoten mit einem Abstand von 4 cm zueinander.
Du benötigst das gesamte Makramee ein weiteres Mal für die Rückseite des Kissens. Wiederhole dafür die Schritte 1–11.

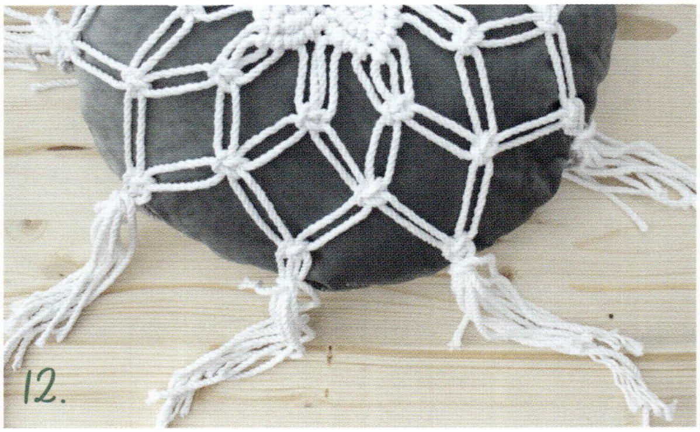

Ein Makramee wird auf der Rückseite des Kissens mit Stecknadeln fixiert und auf deine Arbeitsfläche gedreht. Das zweite Makramee platzierst du so auf deinem Kissen, dass die Enden beider Makramees übereinanderliegen. Bündle die übereinanderliegenden Stränge und binde sie erstmal locker mit Fäden mit je 40 cm Länge zusammen. Danach kannst du das Muster, wenn nötig, verschieben.

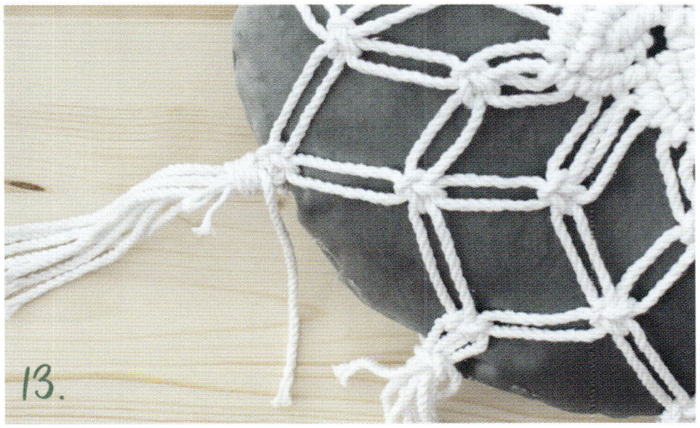

Zum Schluss wird um je acht Stränge ein Wickelknoten (siehe Seite 21) zum Fixieren geknotet, am besten immer parallel zueinander.
Schneide die Enden auf 8 cm zurück.

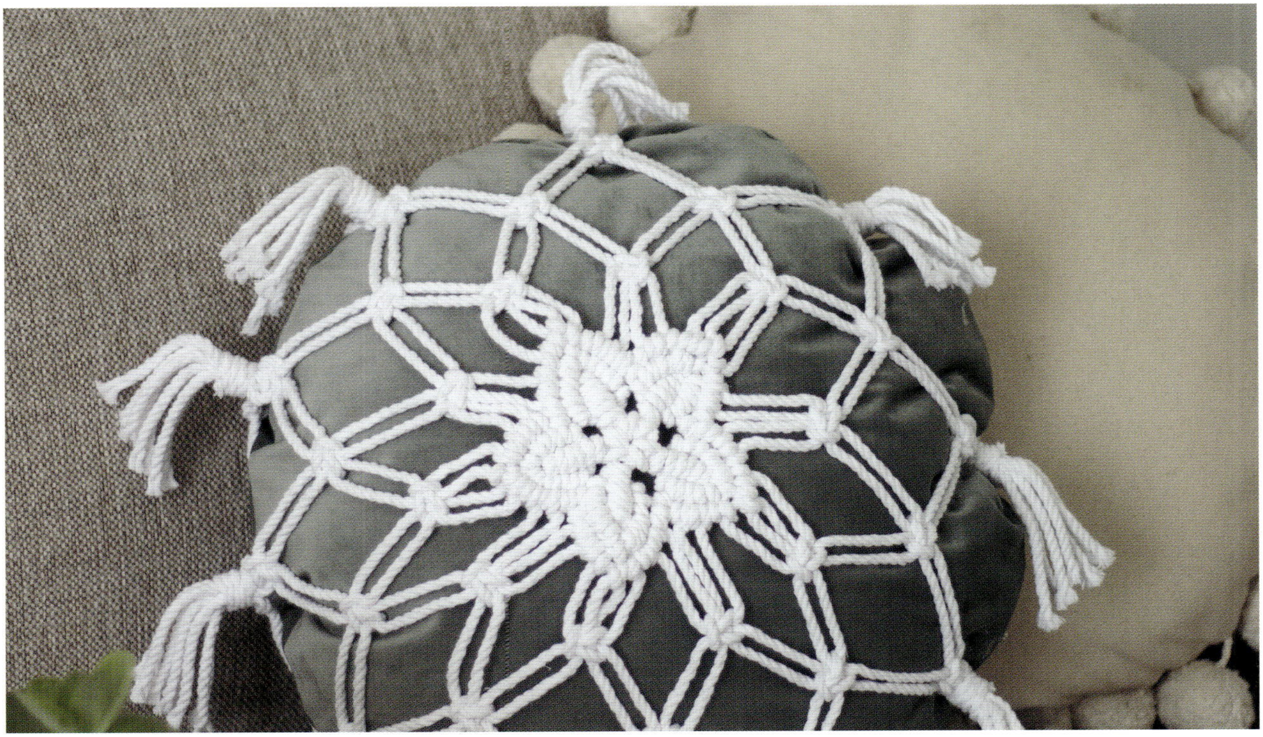

Bei diesem Projekt ist es wichtig, dass du genau arbeitest, sonst wird das Rautenmuster an der Seite des Poufs unregelmäßig. Mit Geduld entsteht etwas ganz Wundervolles.

Sitzpouf

MATERIAL

Bobbiny Baumwollgarn (geflochten, Ø 5 mm) in Golden Natural
Sitzpouf (von buttinette)
Stecknadeln
Schere

VERWENDETE KNOTEN:

von hinten geknoteter Ankerknoten
Rippenknoten
Kreuzknoten

ZUSCHNITT FÄDEN:

1x 460 cm
7x 400 cm
3x 380 cm
5x 360 cm
16x 160 cm
1x 120 cm

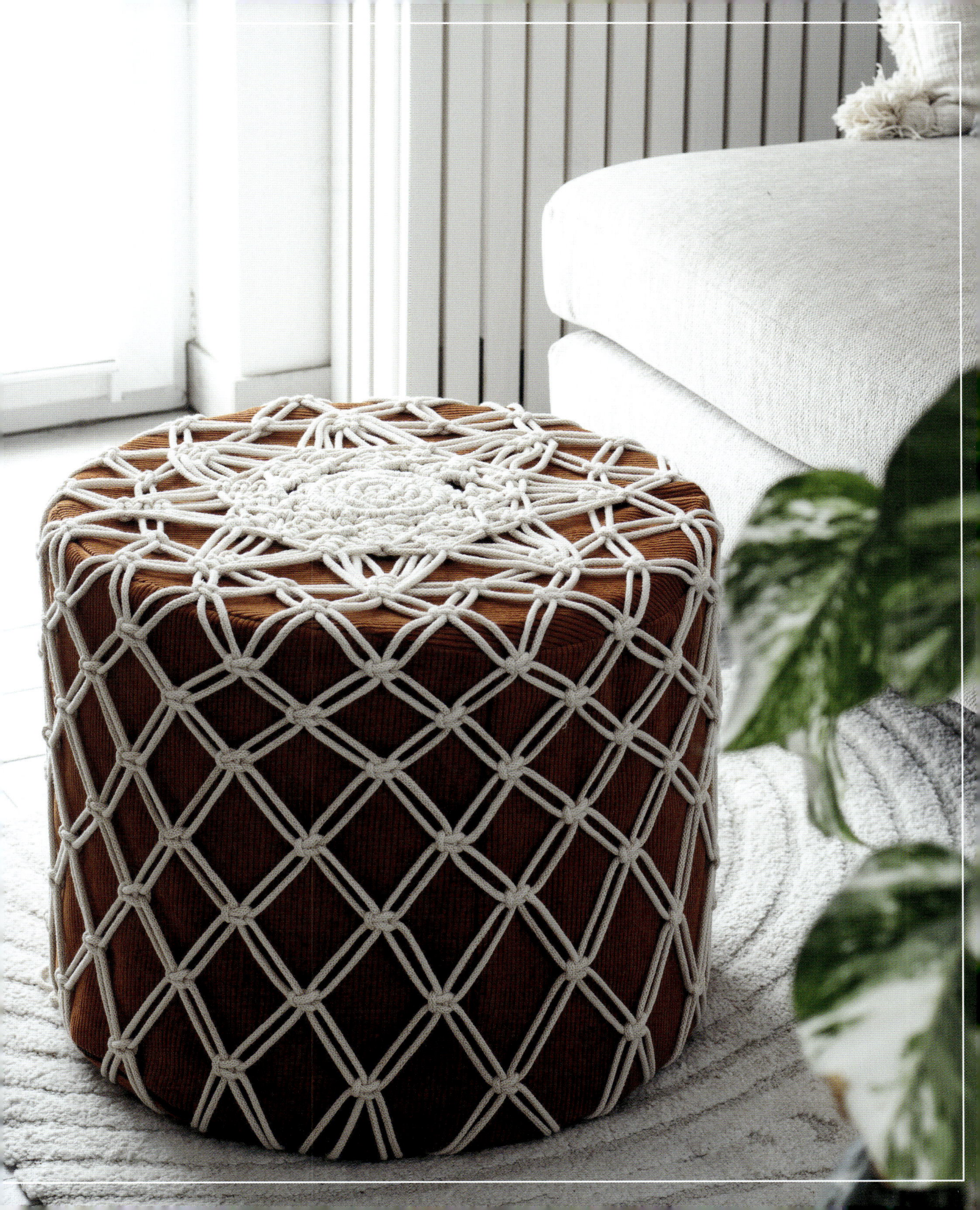

So wird's gemacht

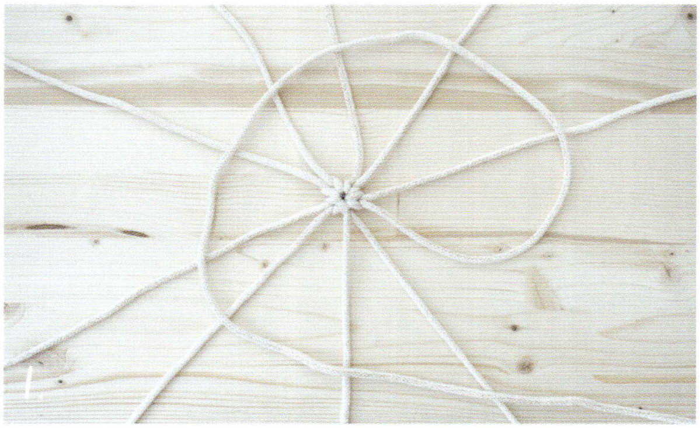

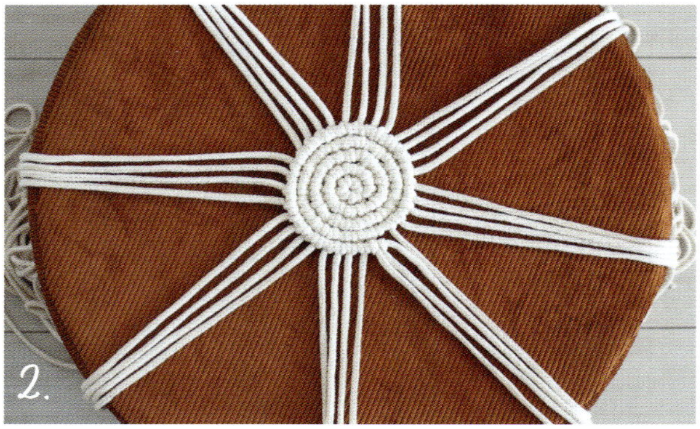

Lege den 460 cm langen Faden zu einer Schlaufe zusammen. Eins der beiden Enden hat eine Länge von 260 cm. Knüpfe wie in Start 1 (siehe Seite 22) vier Fäden mit je 400 cm Länge an den Trägerfaden.
Knüpfe entgegen dem Uhrzeigersinn vier Runden Rippenknoten (siehe Seite 18).

Füge neue Fäden mit dem von hinten geknoteten Ankerknoten (siehe Seite 12) wie folgt am Leitfaden hinzu:
1. Runde: Nach Rippenknoten 4, 6 und 8 einen Faden mit je 400 cm Länge.
2. Runde: Nach Rippenknoten 1, 4, und 11 einen Faden mit je 380 cm Länge.
3. Runde: Nach Rippenknoten 1, 5, 10, 14 und 19 einen Faden mit je 360 cm Länge.

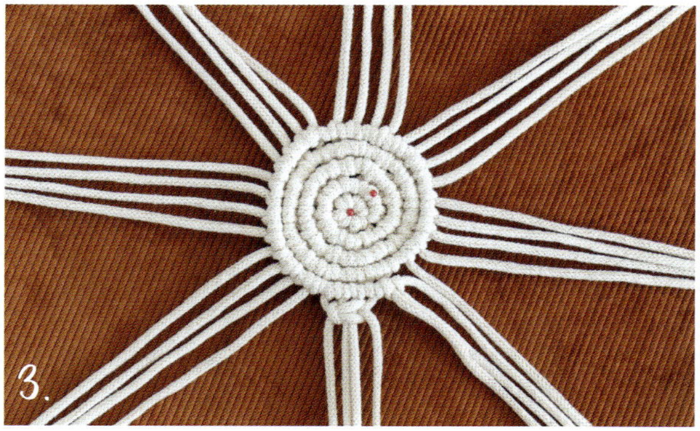

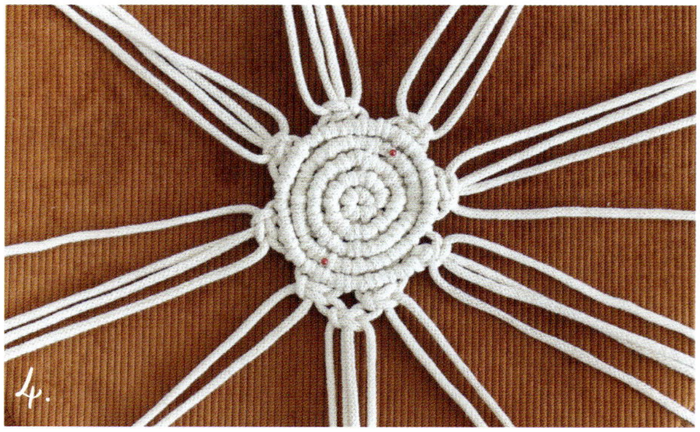

Rund um die Rippenknoten werden jetzt acht Kreuzknoten (siehe Seite 14) geknüpft.

In der nächsten Runde knüpfst du erneut acht Rippenknoten. Diese werden versetzt zur vorherigen Runde geknüpft. Dafür nimmst du je zwei Stränge zweier Kreuzknoten aus der letzten Runde und knüpfst daraus einen neuen Kreuzknoten.

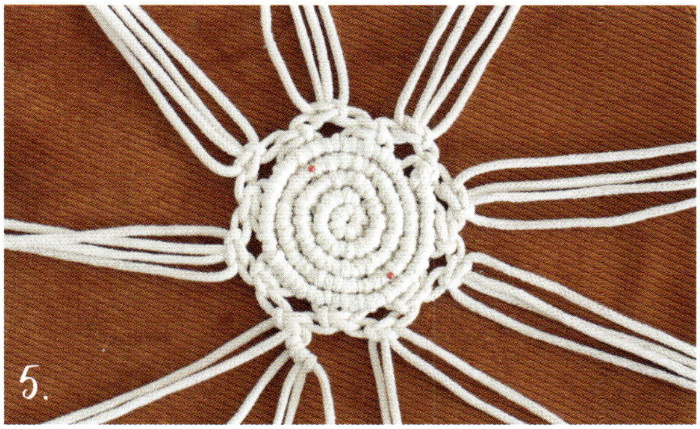

Verbinde nun immer zwei Kreuzknoten mit einer Reihe Rippenknoten. Lege dir den mittleren rechten Strang eines Kreuzknotens nach rechts und knote einen Rippenknoten. Knüpfe danach an den Trägerfaden einen Faden mit 160 cm Länge mit dem von hinten geknoteten Ankerknoten.

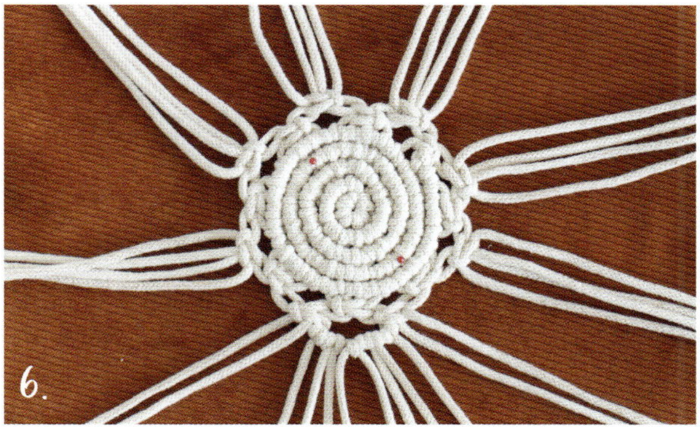

Nimm den linken mittleren Strang des danebenliegenden rechten Kreuzknotens und knüpfe einen Rippenknoten. Auch hier nach dem Rippenknoten einen weiteren Faden mit 160 cm Länge hinzufügen.
Um die Knoten miteinander zu verbinden, nimmst du den Trägerfaden der vorherigen Reihe Rippenknoten als zusätzlichen Arbeitsfaden. Ringsherum die Schritte 5–6 wiederholen. Es werden 16 neue Fäden hinzugefügt.

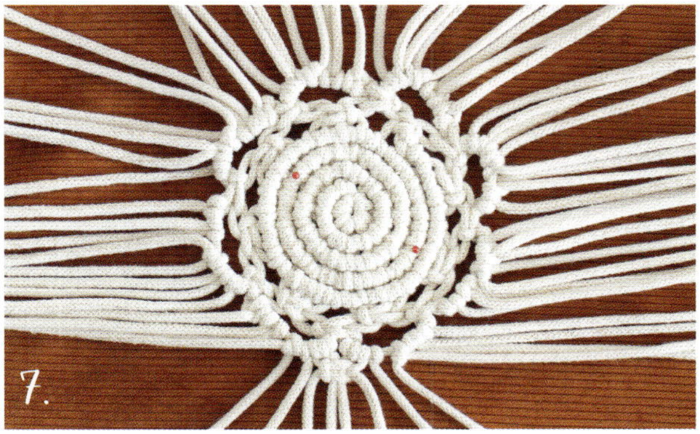

Zwischen zwei Spitzen der vorherigen Runde Rippenknoten nimmst du dir nun die mittleren vier Stränge heraus und knüpfst einen Kreuzknoten.

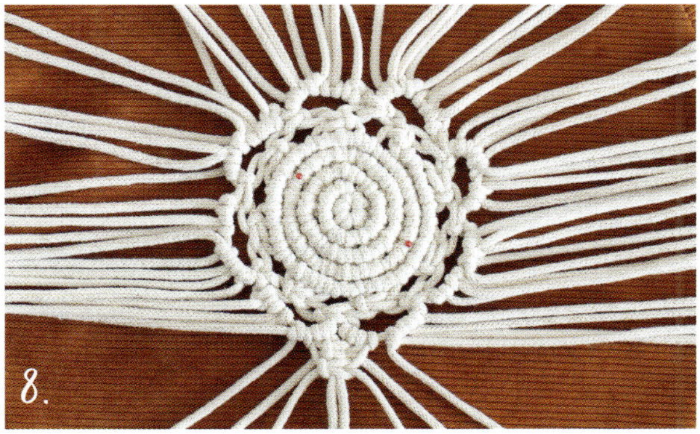

Lege die äußeren zwei Schnüre des Kreuzknotens beiseite und hole dir zwei Stränge, die neben den Kreuzknoten liegen, von oben herunter. Knote mit diesen beiden Strängen einen weiteren Kreuzknoten um die mittleren Stränge.

So geht's weiter

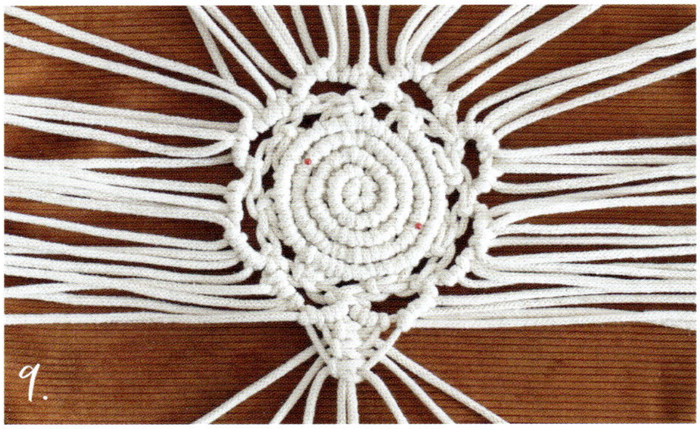

Wiederhole Schritt 8 erneut, indem du dir zwei weitere Stränge von oben herunterholst. Insgesamt wiederholst du diesen Schritt ringsum achtmal.

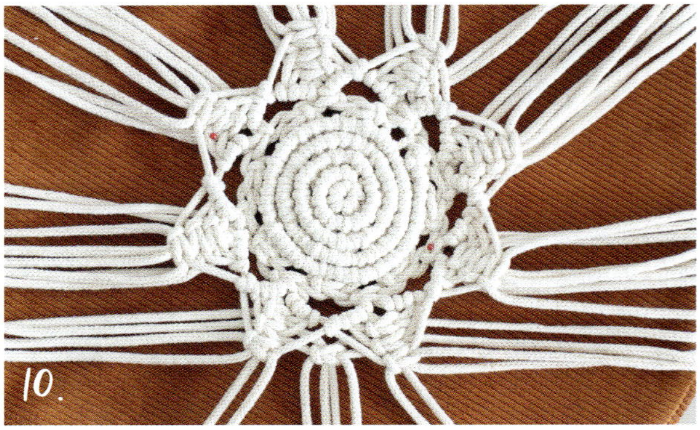

Zwischen den Kreuzknotenspitzen werden weitere drei Kreuzknoten mit derselben Technik, wie in Schritt 7–9 beschrieben, geknüpft. Dafür suchst du dir von zwei parallel zueinanderliegenden Seiten die obersten zwei Schnüre heraus und knüpfst den ersten Kreuzknoten.

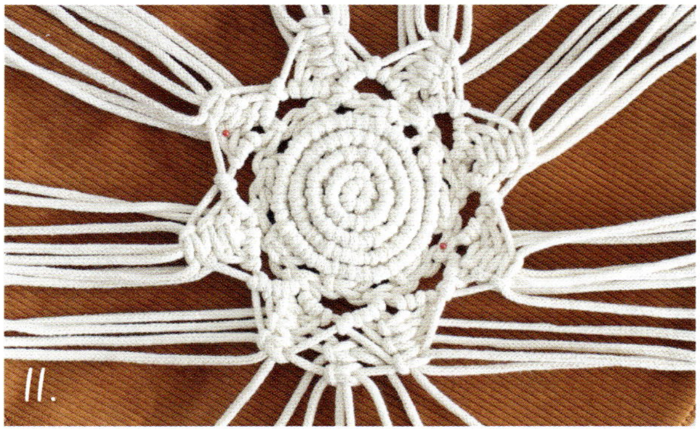

Lege erneut die äußeren Stränge beiseite und nimm zwei neue Stränge von den Seiten hinzu. Knüpfe den zweiten Kreuzknoten.

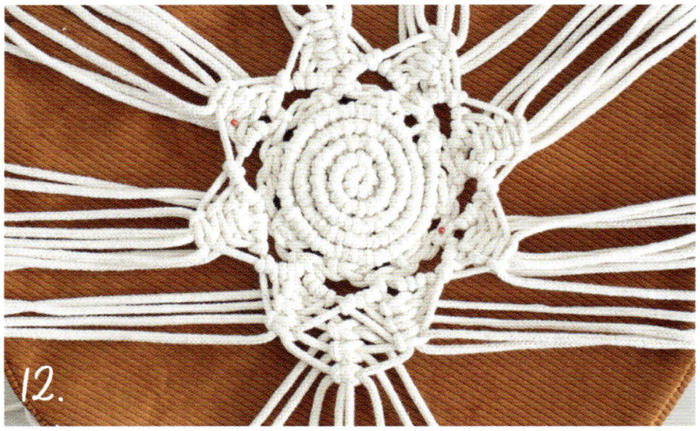

Lege wieder die äußeren Schnüre beiseite und nimm zwei neue für den dritten Kreuzknoten hinzu.

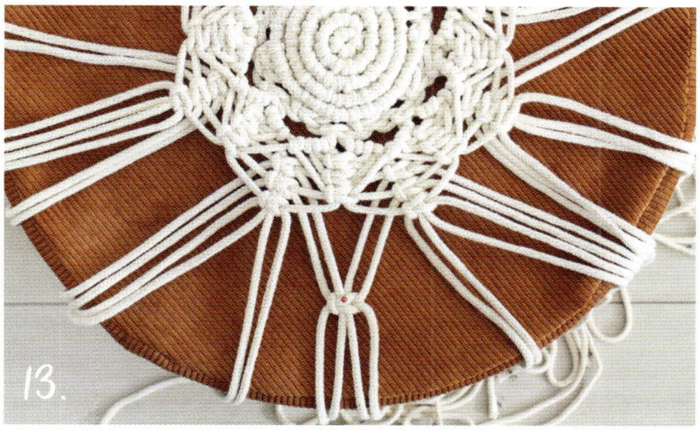

Knüpfe nun 5 cm unterhalb der ersten Runde Kreuzknoten einen neuen Kreuzknoten. Die Technik bleibt dieselbe. Fixiere dir den Knoten mit einer Stecknadel.

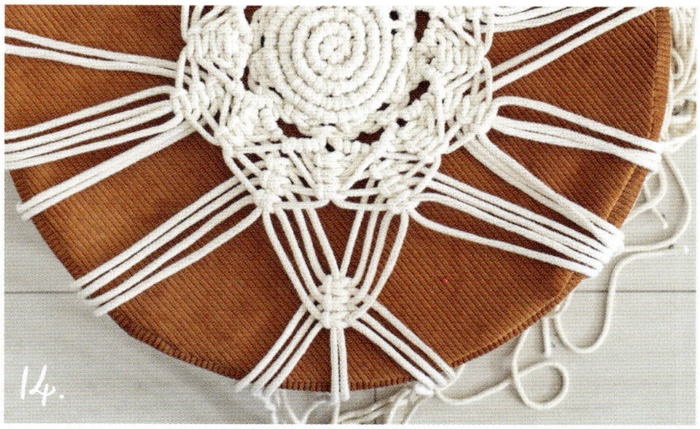

Auch in dieser Runde knüpfst du rundherum immer drei Kreuzknoten.

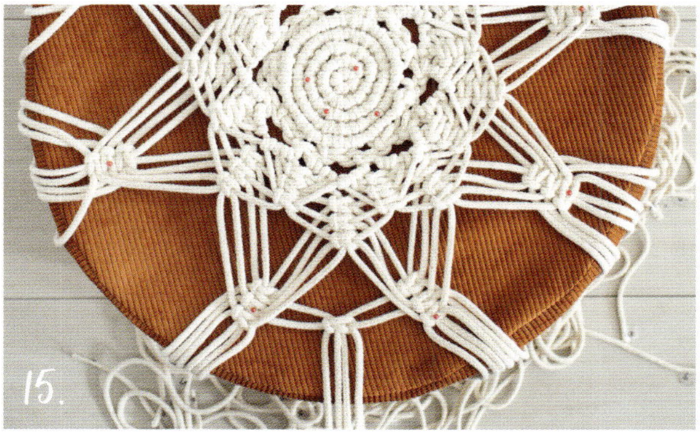

Ab dieser Runde werden nur noch einzelne Kreuzknoten geknüpft. Die erste Runde wird direkt zwischen den 3er-Kreuzknoten gesetzt. Hierfür von links und rechts die Stränge der ersten beiden Kreuzknoten verwenden.

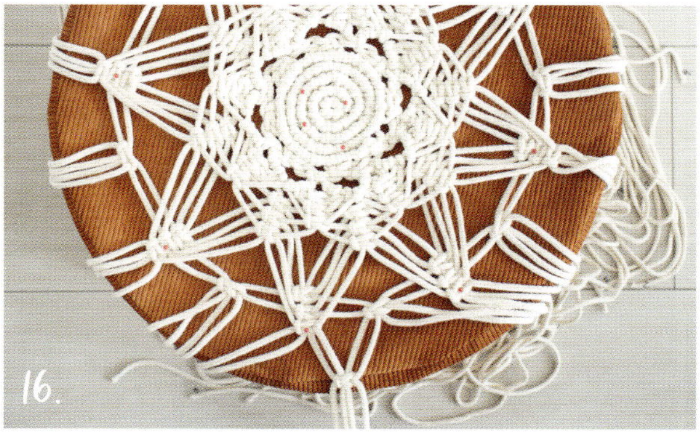

Versetzt zur ersten Runde werden ringsherum versetzte Kreuzknoten gearbeitet. Mit dieser Runde solltest du am Ende der Sitzfläche angekommen sein. Stecke dir die Kreuzknoten mit Stecknadeln fest, da der Pouf im nächsten Schritt seitlich gelegt wird.

So geht's weiter

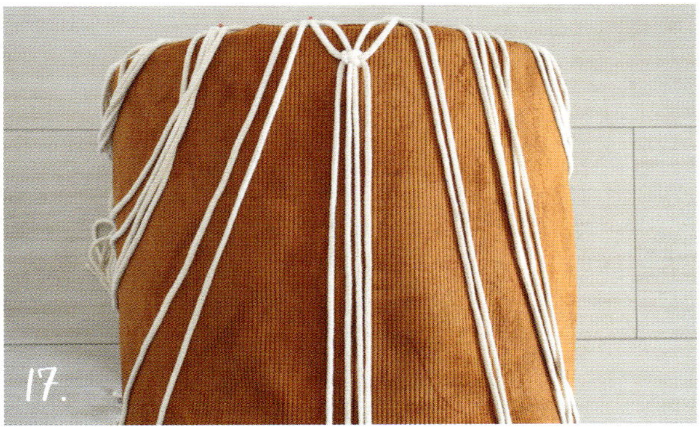

Es werden auf der gesamten Fläche sieben Runden versetzte Kreuzknoten mit einem Abstand von 5 cm geknüpft.

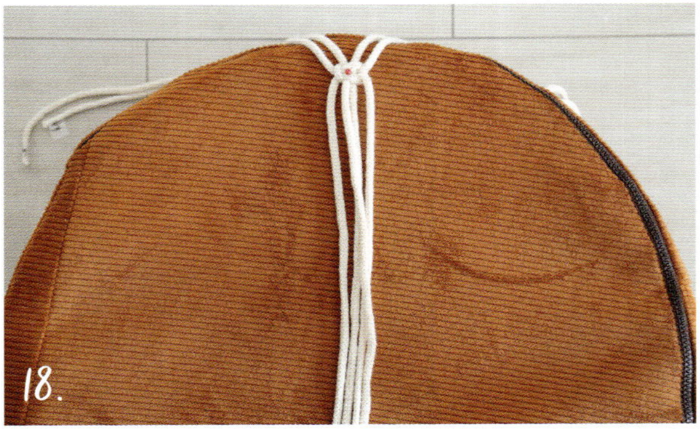

Am Ende angekommen, fixierst du dir die letzten Kreuzknoten und drehst den Pouf auf den Kopf. Knüpfe eine weitere Runde versetzte Kreuzknoten. Auch diese Knoten kannst du mit Stecknadeln sichern.

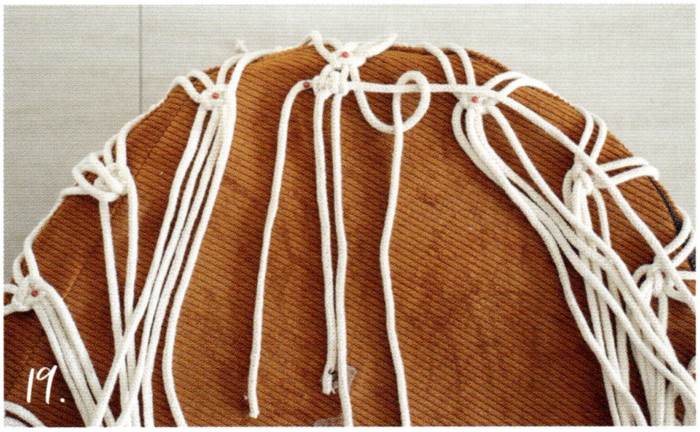

Fixiere den 120 cm langen Faden mit einer Stecknadel, 2 cm vom Rand entfernt, unter deinen Kreuzknoten. Dies ist nun dein Trägerfaden. Der Trägerfaden sollte 25 cm über deinen ersten Rippenknoten hinausragen. Knote mit jedem einzelnen Strang deiner Kreuzknoten einen festen Rippenknoten.
Wiederhole diesen Schritt mit all deinen Strängen.

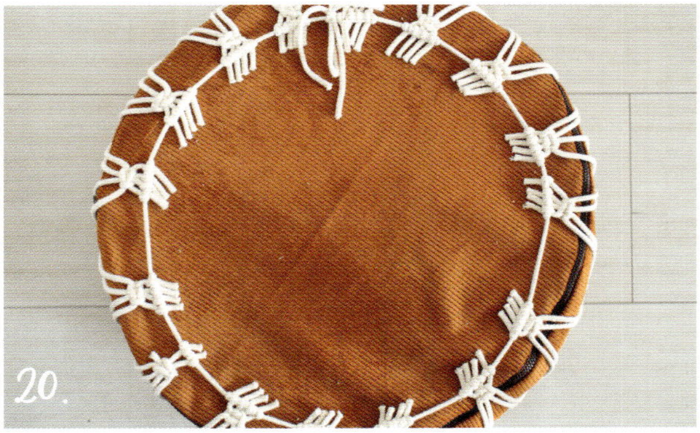

Kürze die Enden der Stränge auf 2 cm ein und binde den Trägerfaden fest mit einer Schleife zusammen. Diese kannst du ganz einfach wieder lösen und das Makramee entfernen, wenn du den Bezug einmal abziehen musst.

TIPP

Bei buttinette findest du eine tolle Anleitung, um den Überzug des Sitzpoufs zu nähen.

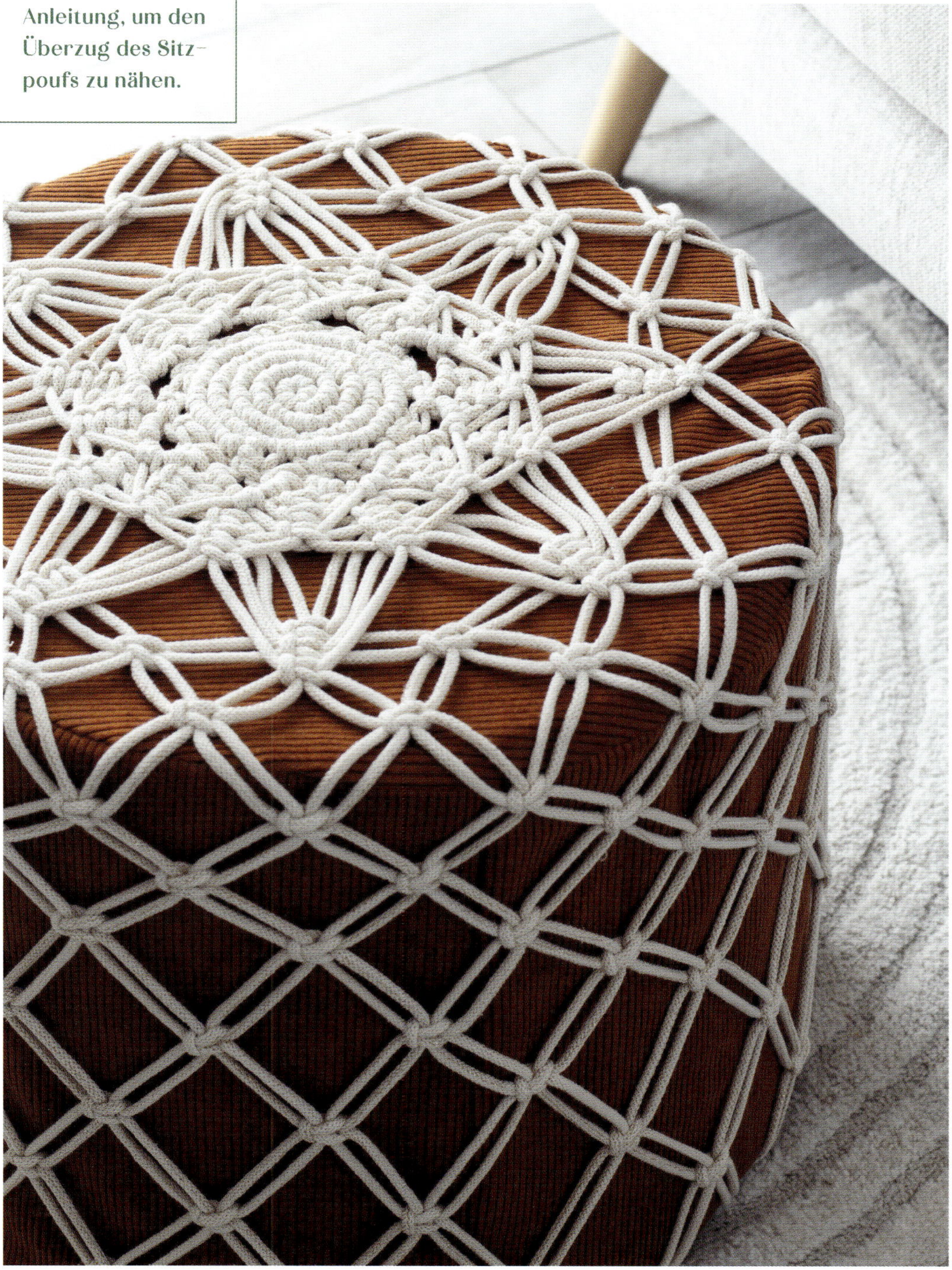

Dein Stubentiger wird die nach oben verlaufenden Garnstränge an diesem Liegeplatz lieben. Mit der Lieblingsdecke auf der Liegefläche der perfekte Platz für ein Nickerchen!

Katzen-Hängematte

MATERIAL

Bobbiny Baumwollgarn (gedreht, Ø 5 mm) in Milky Green
2 Metallringe, Ø 20 cm und Ø 40 cm
rundes Kissen Ø 40 cm
Klebeband
2 Metallringe, Ø 4 cm
1 Karabiner
Schere

VERWENDETE KNOTEN:

von hinten geknoteter Ankerknoten
halber Rippenknoten
Kreuzknoten

ZUSCHNITT FÄDEN:

6x 600 cm
2x 150 cm
12x 500 cm
13x 100 cm

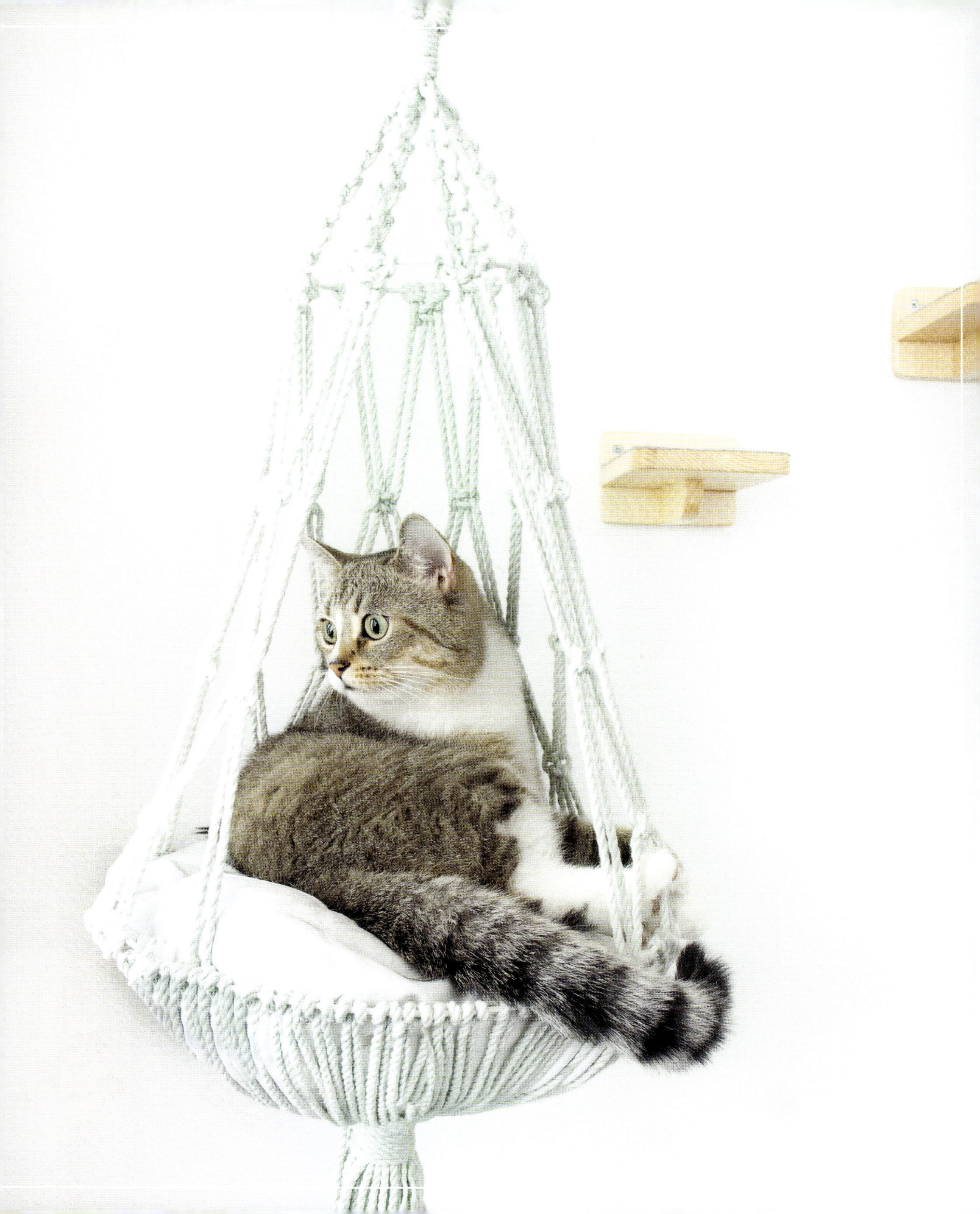

So wird's gemacht

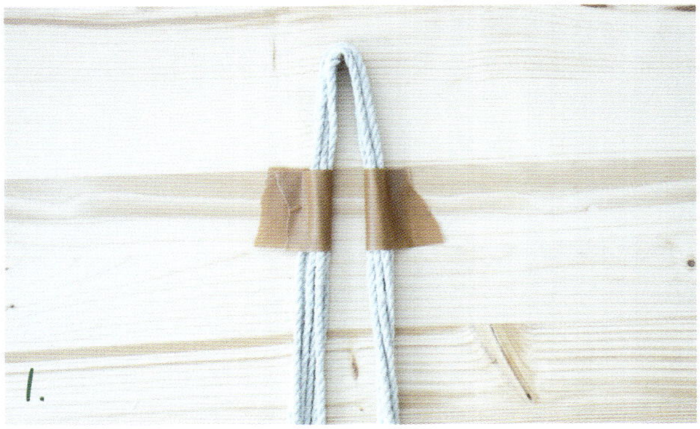

Lege alle Fäden mit je 600 cm Länge mittig zu einer Schlaufe zusammen. Auf beiden Seiten, 5 cm von der Schlaufe entfernt, alle Stränge mit Klebeband ummanteln.

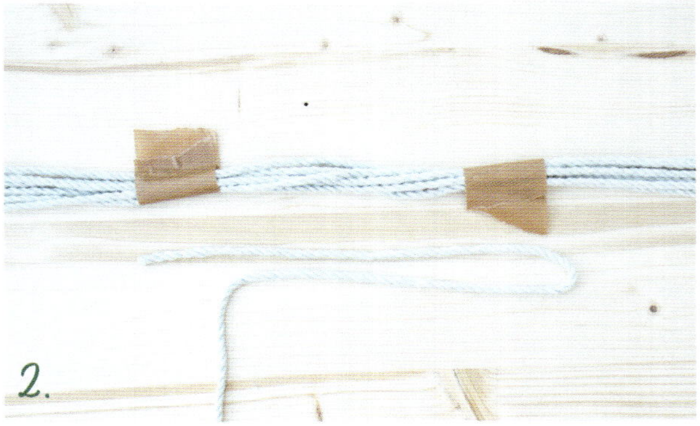

Jetzt werden die Stränge auf die Arbeitsfläche gelegt. Anschließend benötigst du einen 150 cm langen Faden. Lege diesen zu einer Schlaufe, sodass ein Ende die Länge der Markierung durch die Klebestreifen hat. Knüpfe nun zwischen den Klebestreifen einen Wickelknoten (siehe Seite 21).

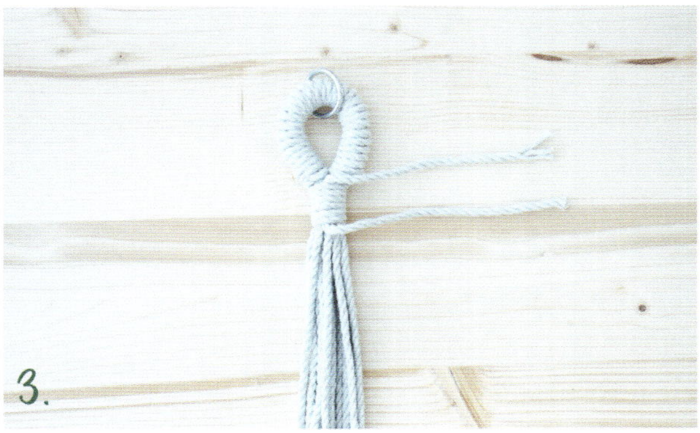

Entferne die Klebesteifen von beiden Seiten und schiebe den Metallring über den Knoten. Lege jetzt den Wickelknoten wieder zu einer Schlaufe zusammen. Die Enden des Knotens sollten sich auf gleicher Höhe befinden. Umwickle alle Stränge mit einem 100 cm langen Faden und knüpfe noch einen Wickelknoten.

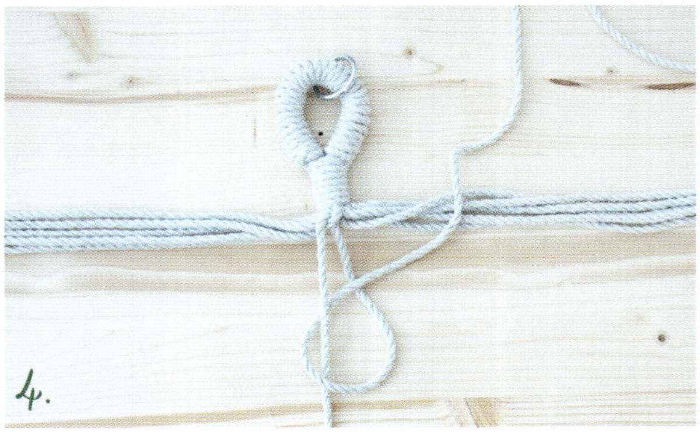

Es folgen halbe Rippenknoten (siehe Seite 18) im Wechsel links und rechts. Teile dir dafür zwei Stränge ab und lege den rechten Strang über den linken, führe diesen unter dem linken Strang durch die Mitte nach rechts weg und ziehe den Knoten fest. Danach legst du den linken Strang über den rechten, führst diesen unter dem rechten Strang durch die Mitte nach links weg und ziehst auch diesen wieder gut fest. Knüpfe insgesamt elf halbe Rippenknoten.

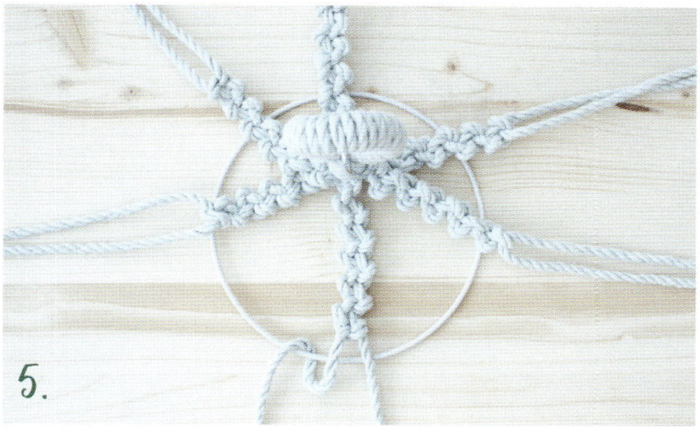

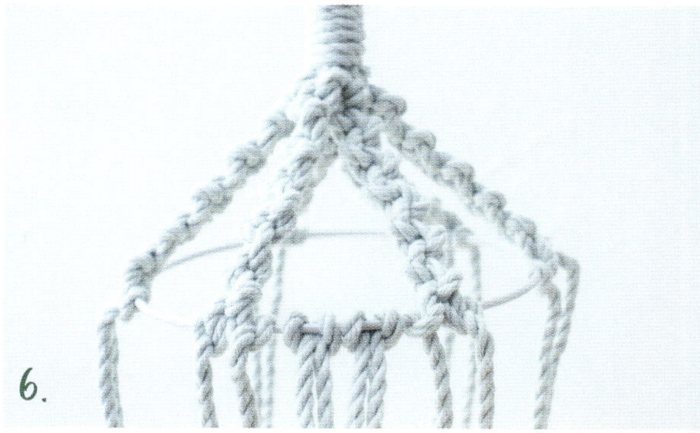

Wiederhole den Schritt sechsmal und lege dir anschließend den kleineren Metallring unter das Makramee. Befestige alle einzelnen Stränge mit dem Rippenknoten am Metallring.

Nun kannst du für dich entscheiden, ob du dein Makramee hängend (z. B. an einer Kleiderstange) oder auf deiner Arbeitsfläche weiterknüpfst.
Jetzt werden zwölf neue Fäden hinzugefügt. Zwischen den befestigten Strängen am Metallring werden immer zwei Schnüre mit je 500 cm Länge mit dem von hinten geknoteten Ankerknoten (siehe Seite 12) am Metallring befestigt.

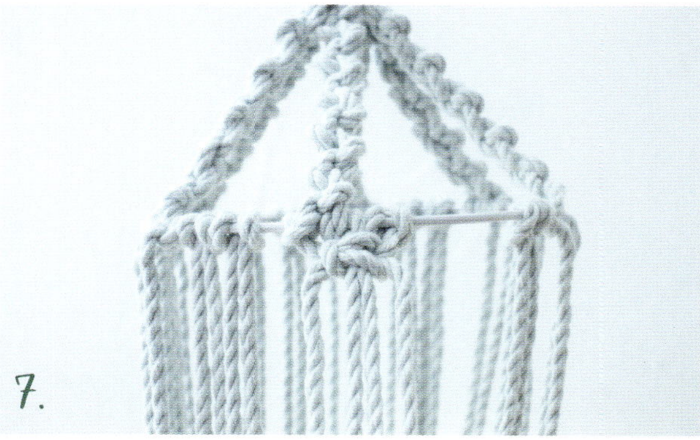

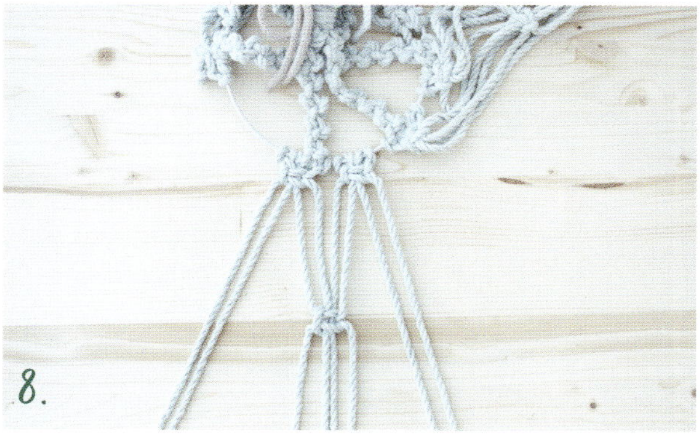

Beginne an einer beliebigen Stelle zwischen zwei geknoteten Strängen. Schiebe zwei neu befestigte Stränge zu zwei bereits davor befestigten Strängen und knote einen Kreuzknoten (siehe Seite 14). Rundherum werden insgesamt neun Kreuzknoten geknotet.
Merke dir für den nächsten Schritt, wo du begonnen und aufgehört hast.

Versetzt dazu werden 15 cm unterhalb erneut acht Kreuzknoten gearbeitet. Dabei werden die ersten und letzten zwei Stränge beiseitegelegt und mit den nächsten vier Strängen ein Kreuzknoten geknüpft. Nach dem neunten Kreuzknoten sollte zwischen Anfang und Ende eine Öffnung entstehen. Diese wird nicht zugeknotet. Dein Schmusetiger soll schließlich vernünftig ein- und aussteigen können.

So geht's weiter

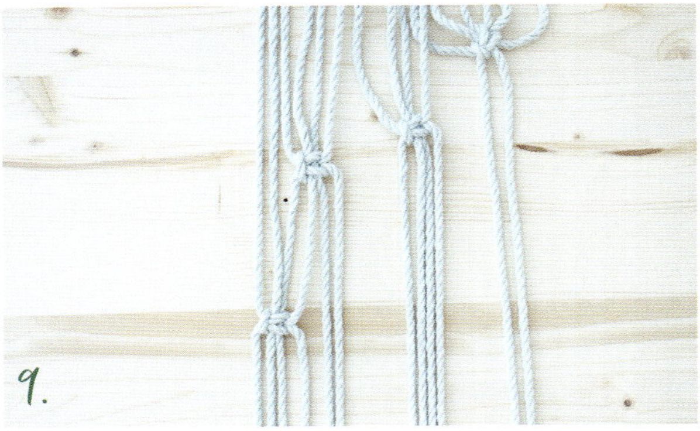

Es folgt darauf eine dritte Runde mit neun Kreuzknoten. Dieses Mal holst du dir die vier beiseitegelegten Stränge hinzu. Knüpfe mit den linken Strängen und den danebenliegenden zwei Strängen einen Kreuzknoten. Zwischen beiden Runden wieder einen Abstand von 15 cm einhalten.

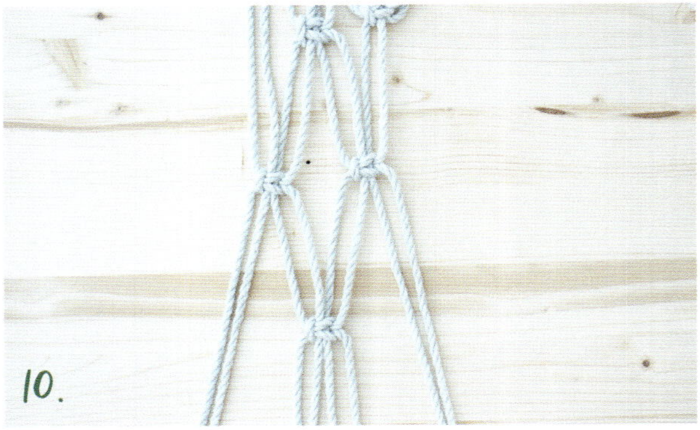

Für die vierte Runde werden die ersten und letzten zwei Stränge wieder beiseitegelegt. Gehe dazu vor wie in Schritt 8.

TIPP

Wenn du einen recht großen Schmusetiger daheim hast, knüpfe 1–2 weitere Runden versetzte Kreuzknoten. Und verwende für den kommenden Schritt einen Metallring in einer größeren Größe. Achte darauf, pro weiterer Runde ca. 30 cm mehr Garn zu nehmen.

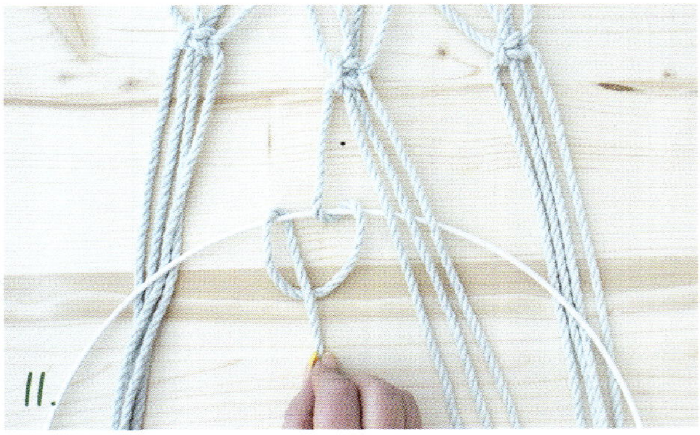

Nach der letzten Runde (in meinem Fall nach der vierten Runde) wird 15 cm unterhalb der letzten Runde Kreuzknoten der Metallring Ø 40 cm befestigt. Knote den Strang mit einem Rippenknoten am Metallring fest. Der Metallring ist in diesem Fall dein Trägermedium. Knüpfe alle einzelnen Stränge am Metallring fest. Dies ist der schwierigste Schritt, da du anschließend alle Fäden auf dieselbe Länge bringen musst.

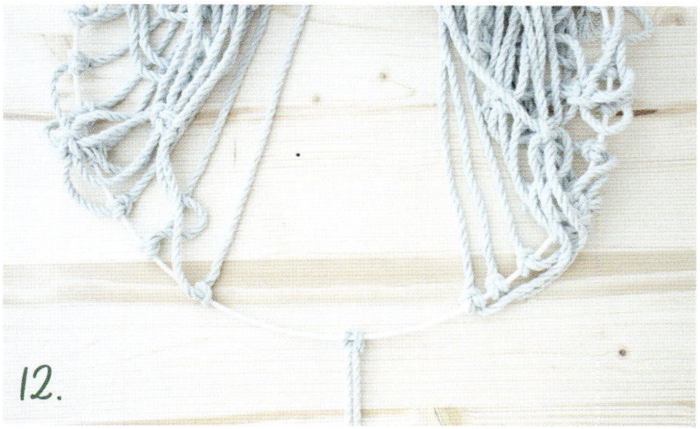

Die Öffnung ist deutlich zu erkennen. Befestige inmitten des Einstiegs insgesamt zwölf Stränge je 100 cm Länge mit dem von hinten geknoteten Ankerknoten.

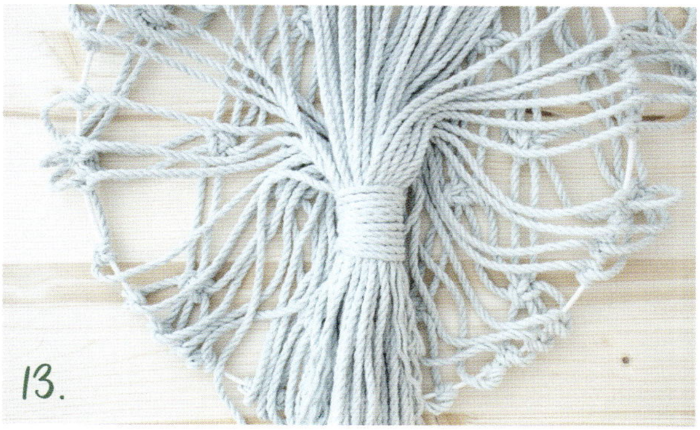

Nimm zum Schluss alle Stränge zur Hand und lege das Kissen probehalber hinein. Je nachdem wie voluminös dein Kissen ist, variiert die Platzierung des letzten Knotens.
Wenn du so weit zufrieden bist, kannst du einen Faden mit 150 cm Länge nehmen und um alle Stränge einen festen Wickelknoten knüpfen.

TIPP

Statt alle Stränge unter dem Kissen einfach zusammenzubinden, kannst du rundherum ein abnehmendes Kreuzknotenmuster knüpfen und die Stränge erst dann mit dem Wickelknoten umwickeln.

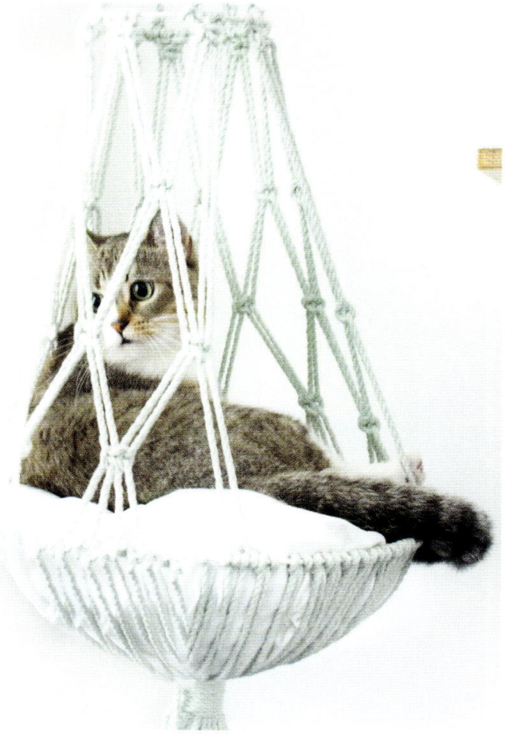

Die Größe dieser geknüpften Topfzierde ist individuell anpassbar. Du kannst auch zweifarbig arbeiten, was dem Ganzen einen neuen Look verleiht.

Blumentopf

MATERIAL

Bobbiny Baumwollgarn (geflochten, Ø 5 mm) in Blossom
Blumentopf, Ø 13 cm, ca. 15 cm hoch
doppelseitiges Klebeband oder Sekundenkleber
Schere

VERWENDETE KNOTEN:

von hinten geknoteter Ankerknoten
Rippenknoten
Kreuzknoten

ZUSCHNITT FÄDEN:

34x 80 cm
1x 100 cm
1x 60 cm

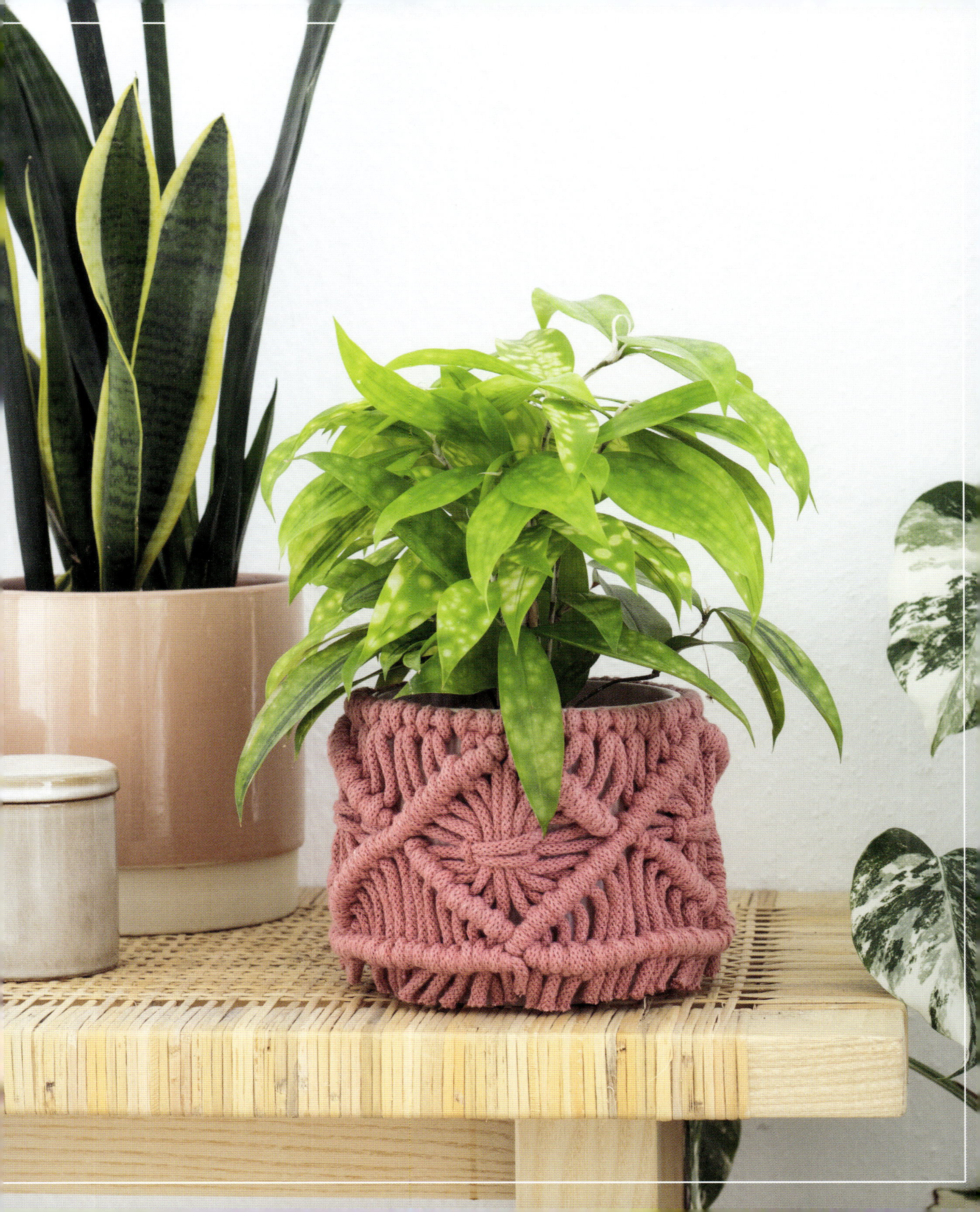

So wird's gemacht

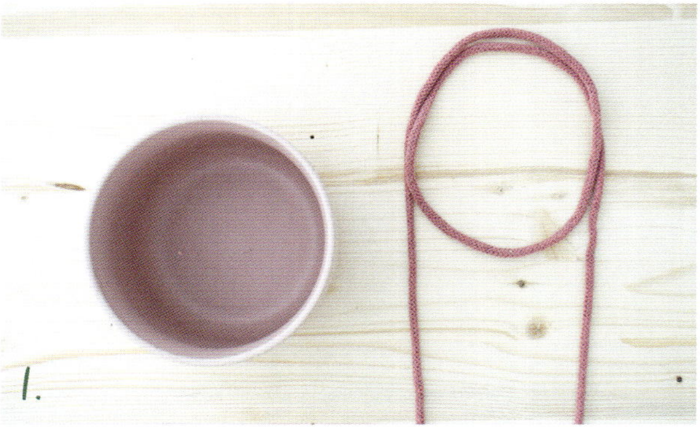

1.

Lege dir den 100 cm langen Faden zur Schlinge zusammen. Die Schlaufe sollte so groß sein wie der Durchmesser deines Blumentopfes. Für dieses Projekt verwendest du Start 2 ohne Arbeitsfaden (siehe Seite 24). Befestige alle 34 Schnüre mit 80 cm Länge in der Schlinge.

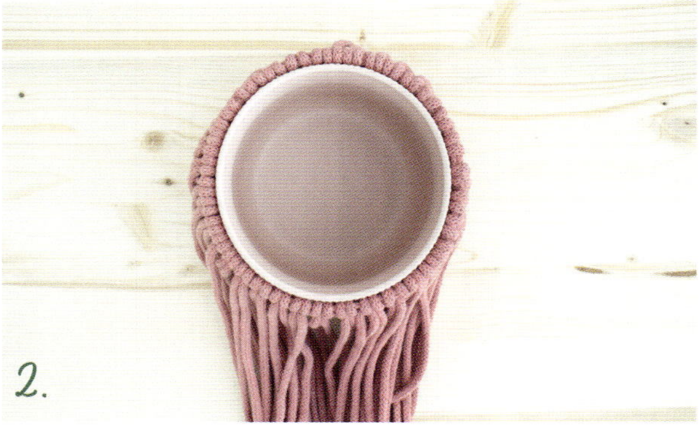

2.

Schiebe die Schlinge, an der du die Fäden befestigt hast, über deinen Blumentopf und ziehe die Schlinge an den Enden eventuell noch etwas fester. Schiebe die Knoten rundherum gleichmäßig um den Blumentopf. Für einen besseren Halt am oberer Rand kannst du doppelseitiges Klebeband oder ein paar Tropfen Heißkleber verwenden.

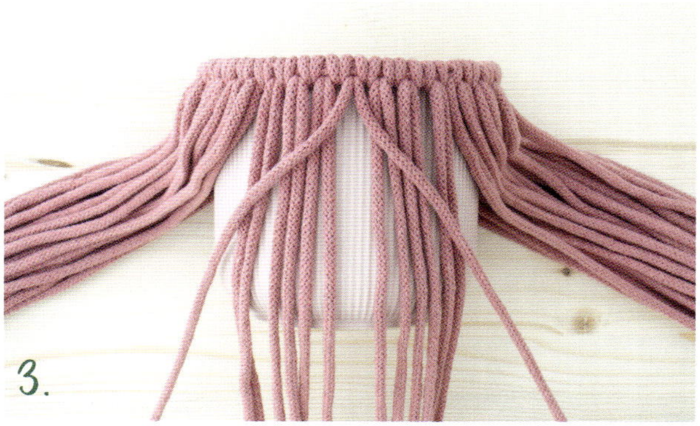

3.

Trenne dir 14 Stränge ab und knüpfe mit den mittleren zwei Strängen nach links und rechts außen je eine Reihe Rippenknoten (siehe Seite 18). Verbinde die sich treffenden Spitzen, indem du den linken Trägerfaden als zusätzlichen Arbeitsfaden für die rechte Seite Rippenknoten verwendest. Knote rundherum im Zickzackmuster.

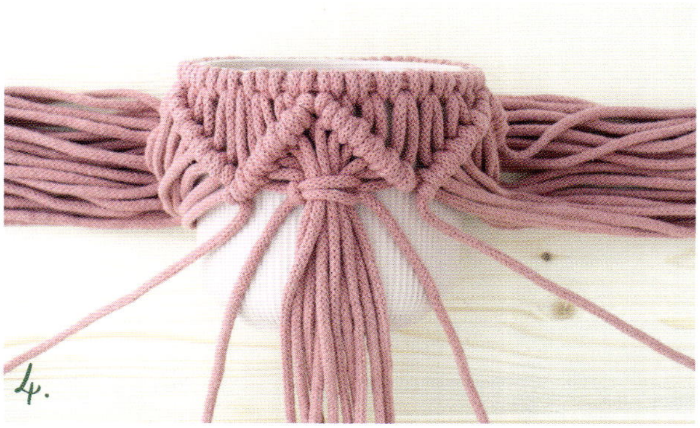

4.

Zwischen den Spitzen geht es mit einem großen Kreuzknoten weiter. Lege die Stränge von den Spitzen beiseite und knüpfe mit den beiden davon innenliegenden Strängen links und rechts einen Kreuzknoten (siehe Seite 14) und umschließe dabei alle anderen Stränge.

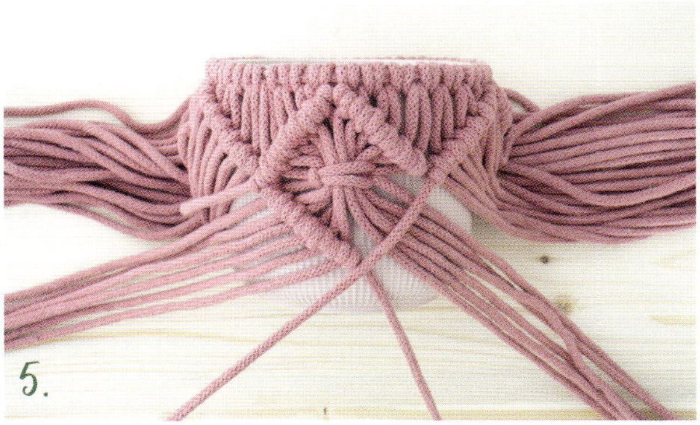

Knüpfe jetzt je eine Reihe Rippenknoten in die Mitte, sodass ein Viereck entsteht. Das Viereck umschließt vollständig den Kreuzknoten. Achte darauf, immer den passenden Faden zur Gegenseite zu verwenden, damit das Muster geleichmäßig verläuft.

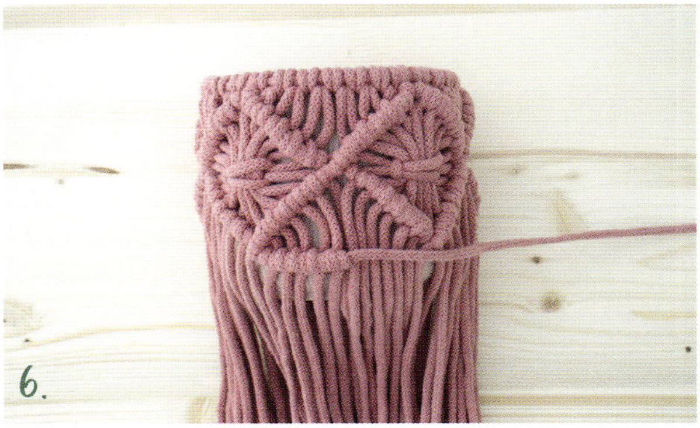

Nun nimmst du den 60 cm langen Faden und steckst diesen mit einer Stecknadel an einer der Spitzen fest und knüpfst parallel zum Start rundum eine Runde Rippenknoten. Schneide danach die Enden der Stränge so zu, dass der untere Teil vom Blumentopf nicht mehr zu sehen ist.

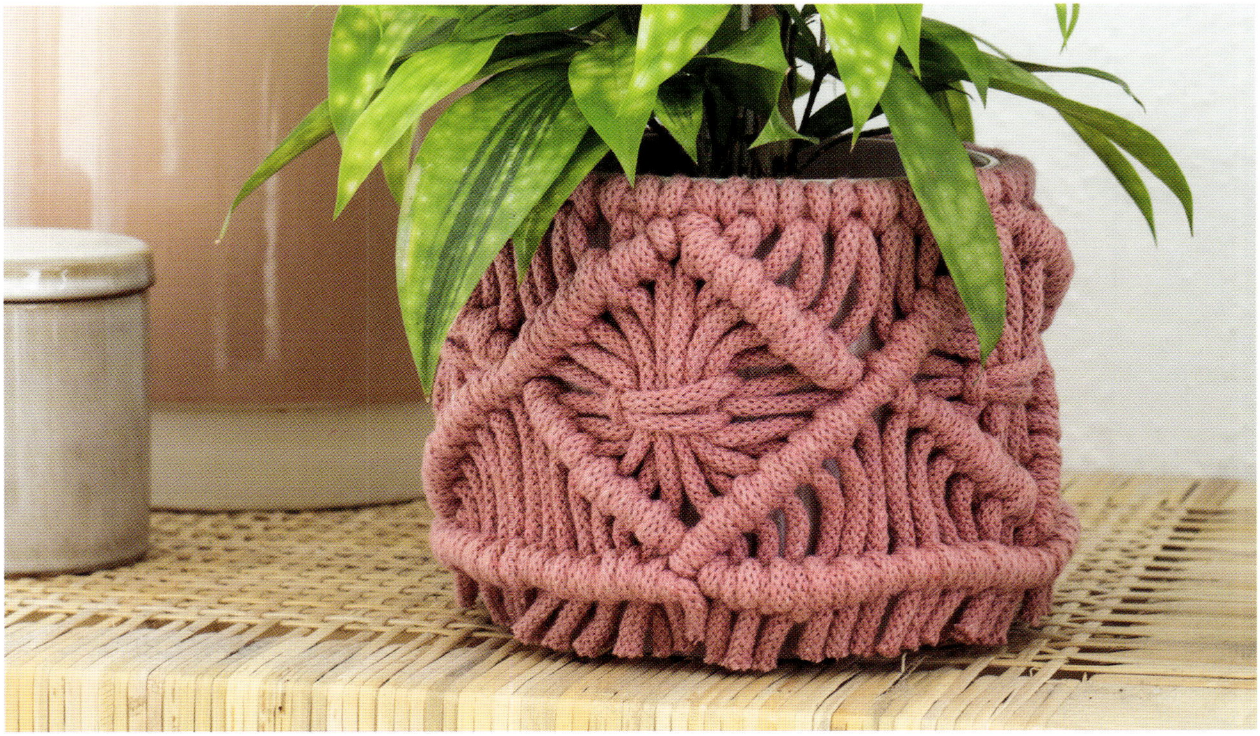

Manchmal lässt es sich nicht vermeiden, dass Garn übrig bleibt. Die Reste musst du aber nicht wegwerfen, sammle sie in einer Restekiste. Du kannst sie für kleine Projekte wie einen Schlüsselanhänger verwenden. Ich habe in diesem Buch drei wundervolle Ideen für dich!

KLEINE PROJEKTE *für Garnreste*

EIERBECHER

Mit kurzen Garnresten, die mindestens 50 cm lang sind, kannst du diesen Eierbecher knüpfen. So liegt das Frühstücksei wohl gebettet und weich, bis es genüsslich verzehrt wird.

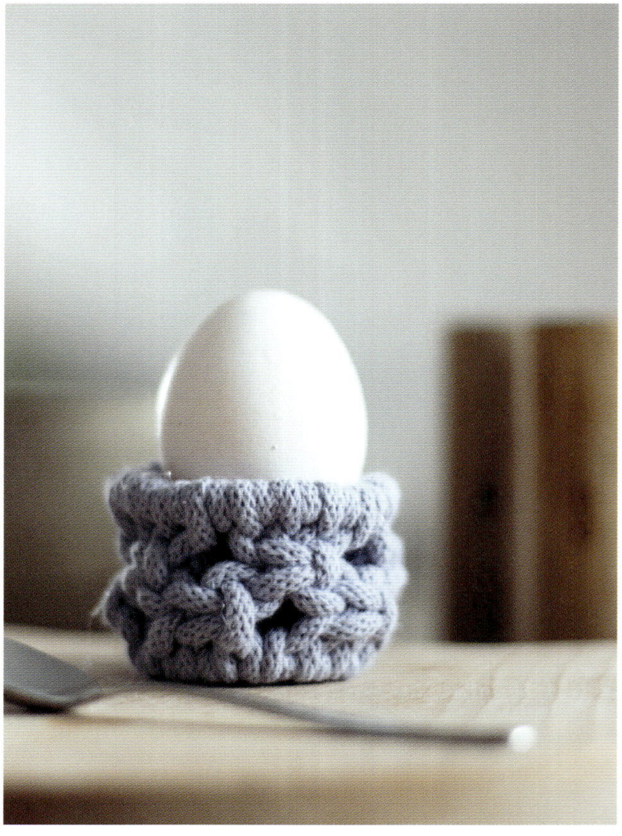

Du benötigst zehn Schnüre mit einer Mindestlänge von 50 cm. Beginne, wie in Start 1 beschrieben (siehe Seite 22), und befestige am Trägerfaden vier neue Fäden mit dem nach nach hinten geknoteten Ankerknoten (siehe S. 12). Dein ausgewählter Trägerfaden sollte an einem Ende 10 cm länger sein. Insgesamt werden zwei Runden Rippenknoten (siehe S. 18) geknüpft. Füge in der ersten Runde nach Rippenknoten 2, 4 und 6 einen Faden hinzu und in der zweiten Runde nach Rippenknoten 2 und 7. Danach werden zwei Runden mit fünf versetzten Kreuzknoten (siehe S. 16) geknüpft. Zum Schluss arbeite rundherum eine Runde Rippenknoten. Kürze die Enden auf 1 cm, klappe diese ins Innere hinein und fixierte die Enden mit Textilkleber.

KATZEN- UND HUNDESPIELZEUG

Für die tierischen Familienmitglieder kannst du ganz leicht mit Garnresten Spielzeug herstellen und sie damit sicher für einige Zeit glücklich machen!

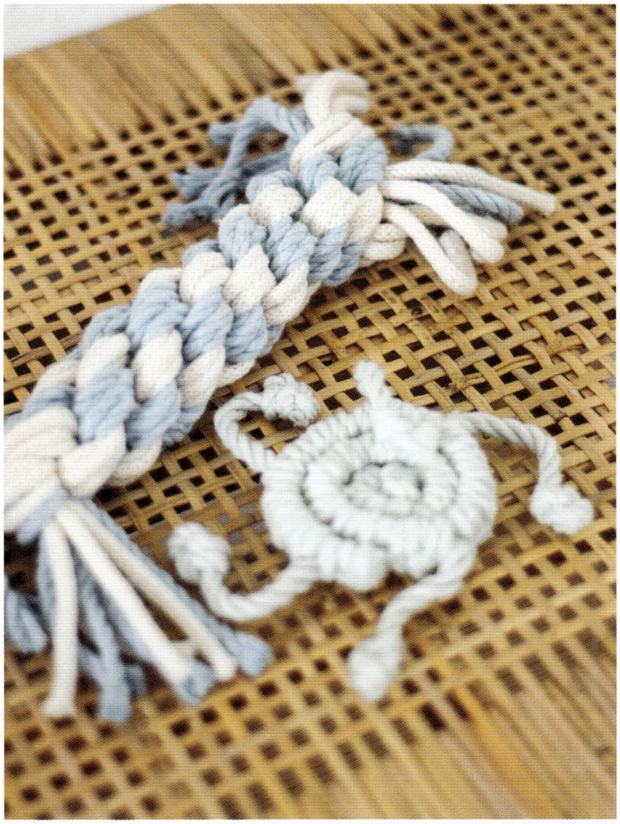

Für das Katzenspielzeug benötigst du ungefähr zehn bis zwölf Fäden mit je 40 cm Länge. Befestige dafür, wie in Start 1 beschrieben (siehe Seite 22), vier Fäden an dem Trägerfaden und knüpfe eine Schnecke mit zwei Runden. Immer wenn der Abstand zwischen den Fäden größer wird, fügst du einen neuen Faden hinzu. Fixiere den letzten Rippenknoten, indem du den Trägerfaden vernähst. Du kannst alle Enden der Stränge dranlassen, auskämmen oder mit dem Abschlussknoten versehen. Lass deiner Kreativität freien Lauf.

Für das Hundespielzeug benötigst du etwa 80 cm lange Garnreste. Für dieses Beispiel habe ich mit zwei Farben gearbeitet und insgesamt acht Fäden verwendet. Vier davon in Blau und vier in Natural.
Lege alle Enden einer Seite aufeinander und knote 5 cm unterhalb einen festen Knoten. Anschließend wird der Endlosknoten (siehe Seite 20) geknüpft.
Auch das andere Ende wird nach Abschluss der Endlosknoten mit einem festen Knoten fixiert.

Über die AUTORIN

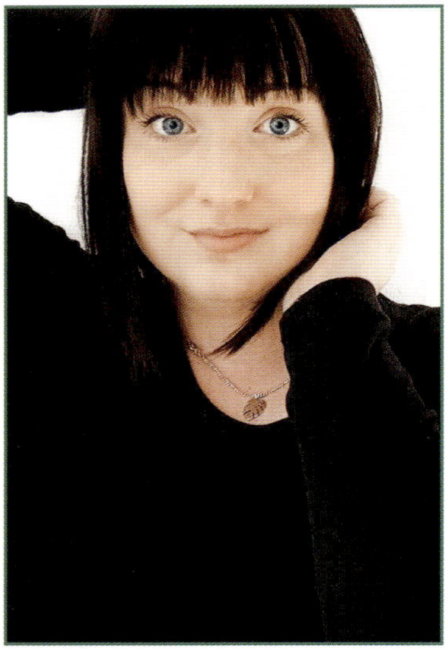

Simone Groß lebt gemeinsam mit ihrem Lebensgefährten im schönen Fredersdorf bei Berlin. Dort hat sie viel Platz, um ihrer Kreativität den nötigen Freiraum zu geben.
2020 entschloss sie sich, nach über elf Jahren im Einzelhandel, ihre Führungsposition an den Nagel zu hängen. Seitdem lebt sie für das, was sie glücklich macht. Sie erschafft hauptberuflich vielseitigen kreativen Content für ihre Kunden, Community und sich selbst. Mit Erfolg!

Sie zeigt auf ihrem Blog www.machsschoen.com und auf ihren Social-Media-Accounts (Instagram @machsschoen, Pinterest @machsschoenmone), wie viel schöner und bunter das Leben sein kann, wenn man kreativ ist.

Danksagung

Danke an die Firma Bobbiny, welche mich so umfangreich mit ihrem Garn ausgestattet hat. Ein weiteres Dankeschön geht an buttinette für die Bereitstellung der weiteren Materialen für dieses Buch.
Danke an Anja vom EMF Verlag, die jederzeit für mich ein offenes Ohr hatte und mir tatkräftig zur Seite stand!

IMPRESSUM

Bibliografische Information der Deutschen Bibliothek.

Die Deutsche Bibliothek verzeichnet diese Publikation in der Deutschen Nationalbibliografie. Detaillierte bibliografische Daten sind im Internet über http://www.dnb.de/ abrufbar.

EIN BUCH DER EDITION MICHAEL FISCHER

1. Auflage 2022

Covergestaltung: Anna-Maria Köperl
Bilder: Simone Groß
Redaktion und Lektorat: Anja Brinkmann
Layout und Satz: Anna-Maria Köperl

ISBN 978-3-7459-1198-5

Gedruckt bei PNB Print SIA „Jansili", Silakrogs, Ropazu novads, LV-2133, Lettland

www.emf-verlag.de

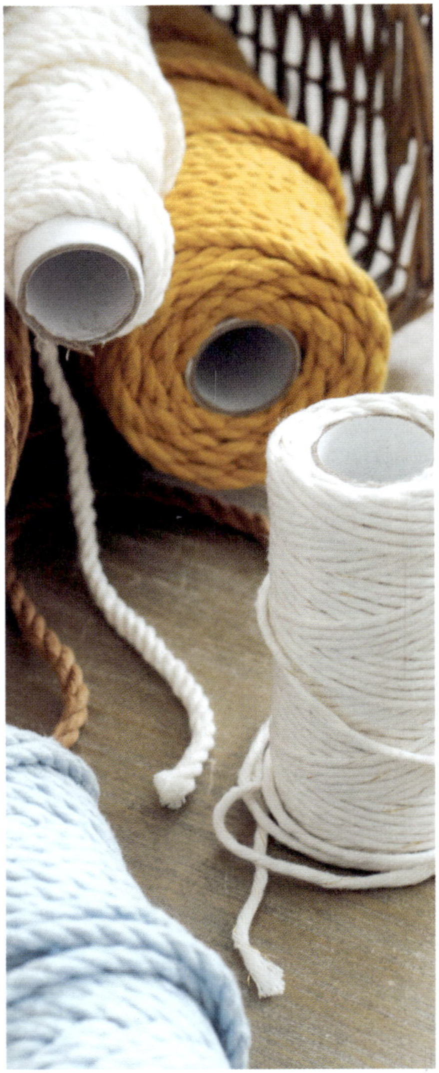
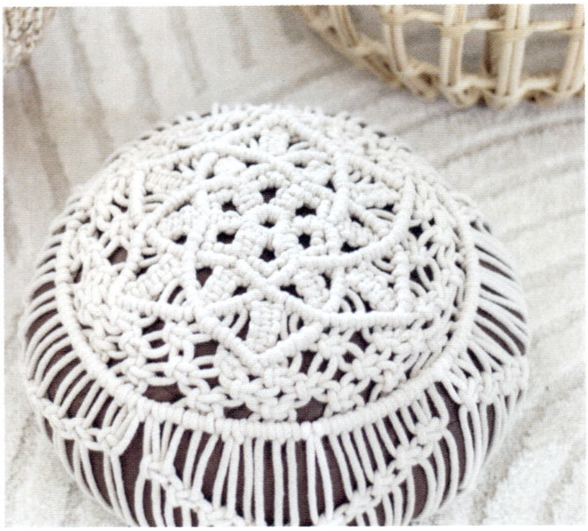
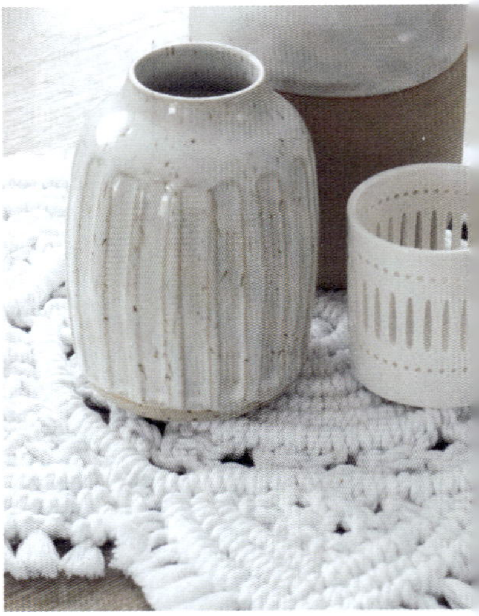
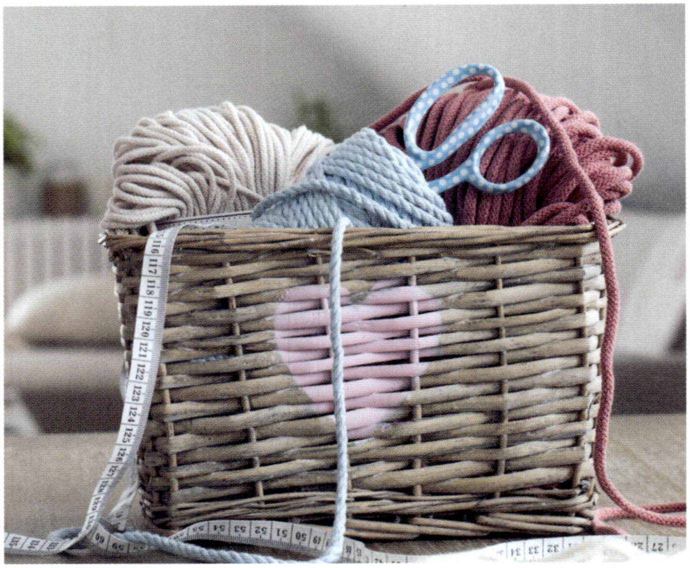
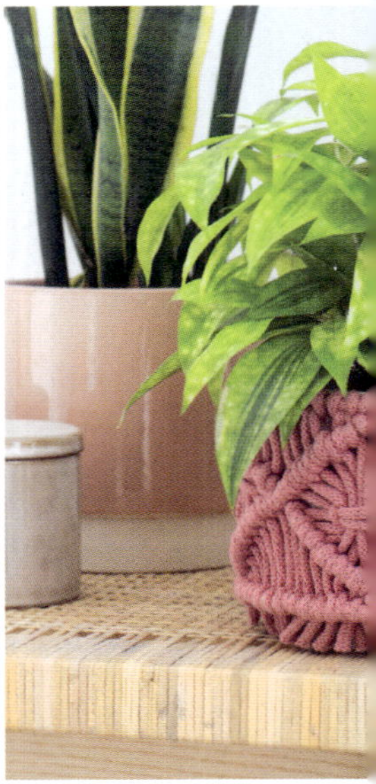
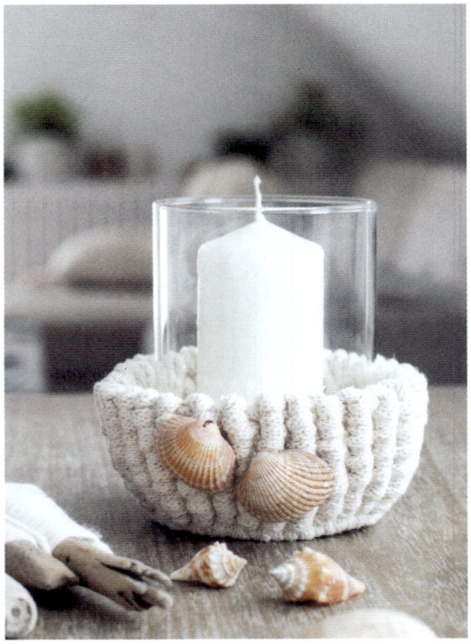
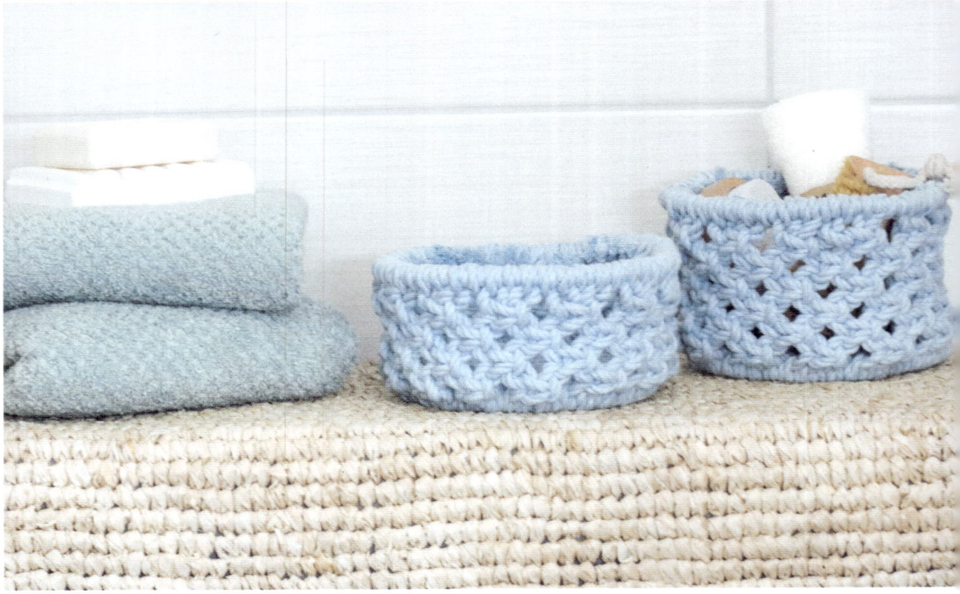